HOSPITALITY MANAGEMENT
YOSHIHARA, Keisuke

ホスピタリティマネジメント
―活私利他の理論と事例研究―

吉原敬典 編著

東京 白桃書房 神田

まえがき

　ホスピタリティをおもてなしと理解している人が多い。また，サービス概念と混同している人も多く見受けられる。これが，現在の一般的な状況である。
　本書は，「ホスピタリティ概念の属性分析」と「ホスピタリティマネジメントの基本原理」を中軸に据えて，ホスピタリティマネジメント理論の体系化に取り組むとともに，理論を実際の事例に適用して研究推進するために書き下ろしたものである。
　2020年には東京オリンピック・パラリンピック競技大会が開催される。東京開催が決まってからというもの，「おもてなし」という言葉が日本国中に飛び交っている。とうとう2013年度の流行語大賞まで獲得した。
　東京オリンピック・パラリンピックには各国から多くの方々が来日されるので，迎える側である日本人の姿勢や準備が問われることになる。私たちの日本を見せる機会，また多くの方々と出会い，交流し合う機会になるものである。何を目指しどのように準備したらよいのであろうか。ホスピタリティという宝石箱の中にすべての可能性があるといえる。
　また，ホスピタリティという言葉は実に便利のよい言葉である。それは，感動を分かち合おう，絆を深めよう，仲間になろう，1つになろう等々と同様に，人間にとっては不可欠で誰も否定しない言葉の1つだからである。何かふわっとした語感をもつ言葉でもある。
　ホスピタリティを中軸概念に据えるということはそれだけ覚悟が必要になるであろう。また同時に，リスクが存在するということをよく踏まえておかなければならない。その理由は，人間が生きることに関係するすべてのものを一気に包含している言葉だからである。すなわち，ホスピタリティという言葉の中にはコミュニケーション，リーダーシップ，対人関係，表現力，傾聴力，接客，気遣い，心配り，顧客満足，サービス，阿吽の呼吸，礼儀・節度，空気感等々の意味がすべて詰まっているからである。したがって，ホスピタリティという言葉はそれだけ物事を曖昧にする危険性を帯びているともいえ

るのである。場合によっては物事を単純化し，ホスピタリティと表現することによって問題の所在を見えにくくしている言葉でもある。

　経営者・リーダーがホスピタリティを唱えることによって，結果的には説明責任の所在を不明確にしていると受け取られかねない。ホスピタリティという言葉で社内を1つに束ねたいという意図があったとしても，社外に対して打って出るときには軸になりえないことが起こるかもしれないのである。また，ホスピタリティに異を唱える従業員がいたとしたら，連帯感を乱す人間だとして仲間はずれにすることも起こるかもしれない。従業員に空気を読むことを過剰に求め，現象的に同調する従業員や迎合する従業員がよい従業員だとして，レッテルを貼りかねない危険性を有しているのである。何はさておいても，ホスピタリティ概念を明確にしなければならない。

　本書の目的は，上記したリスク等を踏まえつつ，まずはホスピタリティ概念を分析し明確にしたうえで，「ホスピタリティ概念によるマネジメント」について論じることである。第1章から第3章までは理論編である。また第4章から第8章までは事例研究編として，ホスピタリティマネジメント理論の適用をはかり実践の中からホスピタリティマネジメントの真髄に迫ろうと執筆したものである。本書の位置づけとしては，問題提起の書になるであろう。以下，第1章から第8章までの概要について述べておきたい。

　第1章は，ホスピタリティ概念について明らかにする章である。現在，ホスピタリティは日本においてどのように認識されているのだろうか。次の4つの受けとめ方が混在している状況である。おもてなし，サービスよりもちょっと気の利いた概念（サービス概念との混同），顧客満足・集客のためのツール，接客のみに関係している概念である。これらはどれもホスピタリティについて十分に説明するまでにはいたっていない。本章では，従来から論じられてきたサービスマネジメント論の限界を指摘したうえで，ホスピタリティの魅力に言及するものである。おもてなしとサービス，そしてホスピタリティ概念についてそれぞれ述べることにしたい。ホスピタリティは最も注意が必要で最も厄介な言葉だからである。

第2章は，ホスピタリティマネジメントについて，その基本原理と全体構造を明らかにするものである。この目的に対して1つの解を導き出すことは，組織レベルにおいてはホスピタリティの具現化へ向けて価値がある。さらに，個人レベルにおいてはホスピタリティの実践を促すうえで価値がある。私たちは，自らがホスピタリティ概念について学習しつつ具現化する（Manifest）ことを考えなければならない。ホスピタリティ概念によるマネジメントの背骨部分については，3つの要素から成り立っている。第一は，人間が生きていくうえで欠かせない「礼儀」「節度」「態度」「物腰」「ルール・約束事の遵守」などで，土台として位置づけるものである。第二はその土台の上に位置し，基本としてのサービス価値である。効率性の向上を旨とする「サービス価値」を安定的に継続的に提供できることがクレームやコンプレインの減少に繋がる。第三は，ホスピタリティ価値を共創することである。これからの経営の重点として位置づけるものである。

　第3章は，ホスピタリティ概念によるマネジメントをどう実現していくのか，について明らかにすることが目的である。ホスピタリティ概念に関する共通理解を促し，ホスピタリティマネジメントの目的実現へ近づくことが期待される成果である。世界へ向けて日本発のホスピタリティマネジメントを発信できればと考えるものである。すなわち，ホスピタリティ産業に属する組織が行うマネジメントという従来からの捉え方だけではなく，『ホスピタリティ概念を適用したマネジメント』の観点からアプローチするものである。ホスピタリティマネジメントに関する理論研究と同時に，多くの事例研究を行う時期に来ている。なぜならば，多くの問題が山積する中，ホスピタリティは人間活動の諸領域に適用可能な概念だからである。また，実践面からホスピタリティマネジメント理論へフィードバックする必要性が高まっているからである。その点，第4章以降で行う事例研究へと繋ぐ章でもある。

　第4章は，現代の日本を覆っている，なんとなくものが言いづらい雰囲気，あるいは少数意見を認めようとしないような空気とは何なのか。他者を受け容れることで，初めて議論が生まれるはずが，「個性の時代」とは名ばかりで，

実際は多様性を認めようとせず，極端な方向に走る傾向になっているように感じる現代社会について考える．今，特に求められることは，自分の軸を持ち，同時に他者にも目を向ける，「活私利他」の精神に裏付けられた「ホスピタリティ人財」の育成であろう．過剰ともいえるデオドラントな世の中や，若者を中心としたコミュニケーション能力の欠如を通して，早い時期からのホスピタリティ教育の必要性について考察する．

　第5章は，ホスピタリティマネジメントが高年齢者雇用にも有効であることを示唆する章である．高年齢者等の雇用の安定等に関する法律は，2013年4月より，希望する従業員すべてに対し原則65歳までの雇用確保措置を企業に義務づけた．この目的は，定年から公的年金支給までの高年齢者の無収入期間回避といわれる．しかし，このような一方に偏った利得のみが強調されるなら，企業側に高年齢者を積極的に活用しようとする意欲が生まれるのだろうか．本章は，製造業に属する企業1社を例に挙げ，高年齢者雇用につき，この企業の具体的な取り組みを明らかにする．そのうえで，高年齢者のみならず，定年前の従業員や企業にもたらされる利得を具体的に明らかにするものである．

　第6章では，建材流通業界において小売業から卸売業に業態変容を遂げ，CRMの概念で顧客一人ひとりとのコミュニケーションを重視し，行動指針として実践している企業を紹介する．特筆すべきは，その対象顧客が建築生産現場で働く工事職人であり，その大半が「男性」であることと，計画購買来店という特性による「店舗滞在時間の短さ」である．高級レストランや，一流ホテル，あるいは医療現場といった，一般的に思い浮かぶホスピタリティのイメージとは対照的な業態でありながら，その事業理念と実践はホスピタリティマネジメントの概念と同義であり，ホスピタリティ価値を創造している．つまり，業態や顧客に関係なくホスピタリティマネジメントが適用可能であることを証明している事例である．

　第7章は，近年看護師不足が大きく取り上げられるようになってきた，看

護師不足の現状について分析した。現在，就業を継続している看護師も慢性的な疲労やストレスを感じながら就業を継続している。こうした現状の中で看護師が就業を継続してきた理由を改めて考察し，看護職員が働きがいを感じながら就業を継続するためにホスピタリティがどのように影響しているかを検討する。

第8章では，在宅医療・介護における他職種連携がホスピタリティマネジメントによって運営されることにより，予想を超える価値（未知価値）を生み出し，利用者，従事者相互に感動を及ぼすことを2つの事例を用いて示す。高齢化社会，すなわち多死時代の我が国は，最期まで安心して地域で生きる社会の実現を目指している。各地域では医療と介護の連携が推進され，24時間の支援体制は整ったといってよい。よって，次なる挑戦は価値ある「人生の最期」の支援を成功させることである。そのためには介護保険制度が目指す自立支援の理念をもとにケア目標とし，チームがホスピタリティマネジメントによる「円卓発想」に基づいて連携するとよい。その結果が価値創造的ケア（介護3.0）を実現することについて考察するものである。

本書を企画出版するに当たって，執筆者全員が多くの方々からご支援いただいたことについて感謝の辞を申し上げたい。また，立教大学大学院ビジネスデザイン研究科委員長 亀川雅人教授にはいつもお心遣いをいただくばかりである。深甚なる感謝を申し上げる次第である。最後に，株式会社白桃書房の大矢栄一郎社長には今回の出版についてご快諾いただき，また筆者たちをあたたかく見守ってくださった。執筆者を代表して厚く御礼申し上げたい。

平成26年6月　立教大学モリス館1102教室にて

編著者　吉原　敬典

■目次

まえがき ………………………… i

第Ⅰ部 理論編

第1章 ホスピタリティの魅力について ……… 2

1. はじめに ……… 2
2. おもてなしについて ……… 2
3. サービスについて ……… 4
    3.1 サービスの変遷 ……… 4
    3.2 サービスという概念について ……… 5
        (1) サービス概念のルーツ ……… 5
        (2) サービスの基本的な特徴について ……… 6
        (3) サービスが生み出す価値について ……… 8
        (4) サービスサイクルについて ……… 9
        (5) 顧客満足の活動は何をもたらすのか ……… 11
4. ホスピタリティについて ……… 13
    4.1 ホスピタリティ概念の導入 ……… 13
    4.2 ホスピタリティに関する誤解 ……… 14
        (1) ホスピタリティはコストがかかるという誤解 ……… 15
        (2) ホスピタリティは生産性が下がるという誤解 ……… 15
        (3) 自らが犠牲になって他者を幸せにするという誤解 ……… 16
        (4) ホスピタリティはサービスのプラス・アルファという誤解 ……… 16
    4.3 ホスピタリティの変遷について ……… 17
    4.4 ホスピタリティ概念のルーツ ……… 17
        (1) 自律性の発揮について ……… 18
        (2) 交流の促進について ……… 18

		(3)	対等・パートナーという関係の形成について	19
		(4)	サービスと混同されるホスピタリティについて	21
5.	ホスピタリティの実践と価値創造的人間観について			21
		(1)	To beの関係づくり	22
		(2)	共に学び合う存在	22
		(3)	有機的な創発を促すプロセス	22
		(4)	ノマド的な行為	23
		(5)	自律的な存在	23
		(6)	内発的な動機に基づく成長	23
		(7)	新たな意味や価値を創造する存在	23
6.	ホスピタリティ概念の属性分析について			24
		(1)	ホスピタリティ人財とホスピタリティ概念の特性について	24
		(2)	ホスピタリティ人財と人間観の相互関係	27
		(3)	ホスピタリティプロセスについて	27
		(4)	ホスピタリティの定義について	29
7.	おわりに－マネジメントの方向性について－			29

第2章　ホスピタリティマネジメントの構造について　35

1.	はじめに		35
2.	ホスピタリティマネジメントの基本原理と全体構造について		36
	2.1	マネジメントの方向性	36
		(1) 文献調査からわかったこと	36
		(2) 事例研究から見えること	37
	2.2	ホスピタリティマネジメントの基本原理と人間観について	40
	2.3	ホスピタリティマネジメントの全体構造について	42
3.	ホスピタリティマネジメントの目的と対象について		44
	3.1	ホスピタリティマネジメントの目的について	44
	3.2	ホスピタリティマネジメントの対象について	46

　　　　(1) マネジメントの対象と人間主体の経営 ……………………… 46
　　　　(2) 事業，業務，資源の関係について ……………………… 46
4. ホスピタリティ価値とサービス価値について ……………………… 48
　　4.1 経営の本質とは ……………………… 49
　　4.2 経営のエンジンとしてのホスピタリティ価値について ……………………… 51
　　4.3 ホスピタリティ価値を支えるサービス価値について ……………………… 53
　　4.4 ホスピタリティマネジメントの定義 ……………………… 55
5. マネジメントの枠組みについて ……………………… 57
　　5.1 マネジメントの種類と課題・目標の種類 ……………………… 57
　　5.2 目的と目標とプロセス・結果の相互関係 ……………………… 59
　　　　(1) 活私利他について ……………………… 59
　　　　(2) 相互歓喜について ……………………… 60
6. ホスピタリティマネジメントの特徴について ……………………… 60
7. おわりに ……………………… 61

第3章　応用的ホスピタリティマネジメントの実践 ……………………… 65

1. はじめに ……………………… 65
2. 質の経営へ転換 ……………………… 66
　　2.1 ゲストの主観的な評価を最大化する経営 ……………………… 66
　　2.2 心を働かせる頭脳労働による創造マネジメント ……………………… 68
　　2.3 これからのマネジメントへ重点シフト ……………………… 71
　　2.4 顧客進化の循環について ……………………… 73
3. 自律性の発揮を促すホスピタリティマネジメント ……………………… 74
　　3.1 円卓発想によるチーム運営 ……………………… 74
　　3.2 権限の付与－内外適応マネジメントの実践へ向けて ……………………… 76
　　　　(1) 自律性と権限の関係について ……………………… 76
　　　　(2) 権限の範囲について ……………………… 77
4. ホスピタリティ経営について ……………………… 79

		4.1 ホスピタリティ経営におけるマネジメント	80
		4.2 ホスピタリティ経営へのガイド	81
5.	価値創造におけるネットワークの諸局面		83
6.	おわりに		85

第Ⅱ部　事例研究編

第4章　他者理解のための「ホスピタリティ人財」育成の必要性について ——92

1.	はじめに	92
2.	他者を理解するということ	93
	2.1 デオドラントな世の中	93
	2.2 喫煙者と非喫煙者	95
	2.3 コミュニケーション能力の欠如	97
3.	他者を否定する空気について	99
	3.1 「ホスピタリティ人財」の育成	99
	3.2 自分の軸を持つということ	101
4.	おわりに	102

第5章　喜びから喜びを！ 製造業における高年齢者雇用の取り組み ——106

1.	はじめに	106
	1.1 本章における高年齢者	106
	1.2 ホスピタリティマネジメントの有効性	108
	1.3 問題意識	109
2.	事例企業と分析	110

	2.1	事例企業の選択	110
	2.2	事例企業の概要	110
	2.3	分析資料と分析視点	111
3.	具体的取り組みと相互幸福等の実現		112
	3.1	前提条件	112
	3.2	サービス価値	113
	3.3	物的資源管理	114
	3.4	人的資源管理	115
	3.5	ホスピタリティ価値	116
	3.6	経営理念など	117
	3.7	もたらされる相互幸福等	118
4.	おわりに		119
	4.1	結論	120
	4.2	今後の課題	121

第6章　建材流通におけるホスピタリティマネジメントの実践 — 123

1.	はじめに		123
2.	サービスとホスピタリティの違い		124
3.	個客識別マーケティング（Customer Specific Marketing）		126
4.	事例紹介		127
	4.1	総合建材センター「建デポプロ」	127
	4.2	事業の行動指針	129
	4.3	お客様の声と権限付与	130
	4.4	CRM事例	131
	4.5	挨拶と笑顔のこだま，怒りの言霊	131
	4.6	ホスピタリティ価値と人財育成	134
5.	おわりに		135

第7章 医療従事者の就業継続にホスピタリティが及ぼす影響 ……… 139

1. はじめに ……… 139
2. 看護師へのインタヴュー調査 ……… 140
3. 医療におけるホスピタリティ価値とは ……… 143
4. ホスピタリティ人財としての看護師 ……… 146
   - 4.1 看護師としての働きがい ……… 146
   - 4.2 ケアすることでケアされていること ……… 147
   - 4.3 患者と目標を共有する ……… 148
5. ホスピタリティ価値を提供できるマネジメントとは ……… 149
6. おわりに ……… 150

第8章 在宅医療・介護に欠かせないホスピタリティマネジメント ……… 154

1. はじめに ……… 154
2. 悩み，対立から相互歓喜を見出すケア ……… 155
3. 価値創造に必要な「対立」という相互補完プロセス ……… 160
4. 連携における思考法 ……… 162
5. 価値創造型介護のプロセスについて ……… 169
   - 5.1 準備の段階（介護1.0） ……… 169
   - 5.2 基本段階（介護2.0） ……… 171
   - 5.3 価値創造の段階（介護3.0） ……… 171
6. おわりに ……… 172

あとがき ……… 175
執筆者・編著者紹介 ……… 176

第 I 部

理論編

第1章

ホスピタリティの魅力について

　キーワード
おもてなし，サービス概念，ホスピタリティ概念

1. はじめに

　ホスピタリティは最も注意が必要で，最も厄介な言葉であるかもしれない。現在，ホスピタリティについては日本においてどのように認識されているのであろうか。次の4つの受けとめ方が混在し混沌としている状況である。
　おもてなし，サービスよりもちょっと気の利いた概念（サービス概念との混同），顧客満足・集客のためのツール，接客のみに関係している概念である[1]。これらはどれもホスピタリティについて十分に説明するまでにはいたっていない。本章では，従来から論じられてきたサービスマネジメント論の限界を指摘したうえで，ホスピタリティ概念の属性を分析し分類して，ホスピタリティの魅力について言及するものである。おもてなしとサービス，そしてホスピタリティ概念について述べることにしたい。

2. おもてなしについて

　おもてなしという言葉については，平安時代から使われていた歴史がある。日本では心のもち方，姿勢・態度，身のこなし，振る舞いといった意味があり，饗応や馳走へと展開していった。以下，2020年東京オリンピック・パラリンピック開催へ向けて踏まえておくべきポイントを挙げておきたい[2]。
　平安時代から荘園支配者が奉行をもてなすことがあった。その背景には訴

訟を解決する意図があり饗応や贈与が行われ，これが後の贈収賄の温床となったのである。したがって，もてなしは政治的に利用された歴史がある。平安時代中期に成立した『源氏物語』の中にも，自らの意図を成し遂げるためのもてなしが多く見受けられる。現代版としては1976年に発生したロッキード事件がある。そこで話題になったピーナッツ1粒で，100万円の賄賂がおくられたとされているが，これに該当するものである。

鎌倉時代においては，預所の代官がもてなしを農民に強要しその頻度が増すにつれて，農民から訴えられる事例が見られた。室町時代になると，税金免除のための訴訟において荘園支配者が奉行をもてなす費用の一部を農民に強要し，農民が負担することが慣例化するようになった。これによって，奉行は当然のように農民による負担を期待するようになった歴史がある。

また，もてなしという言葉の意味であるが，もてなしの「もて」は手段を表し，「なし」は何かを成し遂げるという意味を有している。「何をもって」についてはもてなす側が決めることになる。一方，「どのような意図をもって」「何をなす」についてももてなす側が主導することになる。いわゆるもてなされる側にとってはもてなす側の意図や心根についてはわからないのである。すなわち，ブラックボックスの中にあるといえよう。したがって，おもてなしはもともと注意しなければならない言葉なのである。

実際には，もてなす側が自らの意図を実現するために他者に働きかけることから，他者の視点が欠落し自らの意図を押し付ける傾向が見受けられた。さらには，もてなしという言葉については「もてあそぶ」「とりつくろう」「あしらう」「もてあます」「もってのほか」といった意味を有していることも忘れてはならないであろう。

今後，おもてなしという言葉を日本国民として使用してもよいと考えるが，賄賂政治に利用された言葉であることについてはぜひとも踏まえておきたいところである。また，もてなす側の意図については時間をかけて見極める必要があるであろう。そして，おもてなしと表現する場合には他者の視点が欠落している点についても，表現上の注意や工夫が必要である。本章第4節においてホスピタリティ概念について述べるが，このような歴史を有するおもてなしとの違いに留意しておきたいところである。

3. サービスについて

　サービスという言葉については，これまで経済学において財とサービスの関係で論じられてきた。すなわち，有形の製品・商品との対比で論じられてきた経緯がある。さらには，サービス（Service）という言葉の意味は多様である。そこで，サービスの基本について述べておくことにしたい。

　また，本書ではサービスを「対価を伴う活動・機能の効率的な提供」と捉える。人的対応としての態度などをどう捉えるかについては考えどころではあるが，仮に提供側の態度に問題がある場合においても，対価を伴うという点ではサービスの有用性は変わらないからである。

　消費者，生活者，お客様，ゲストからすると，サービスもホスピタリティもその捉え方に違いはないであろう。つまり，すべてをサービスと理解して受けとめるであろう。しかし，ホストである提供側においてはちょっと視点が異なる。本書では，ゲストが自らの主観的な評価情報である顧客価値（Customer value）を求めている状況の中，サービスとホスピタリティを峻別することで効果的なマネジメントを行うことができることを強調するものである。この点については，第2章で取り上げることにしたい。

3.1 サービスの変遷

　サービスの意味は多様である。当初は，経済学の視点からサービスが取り上げられた[3]。古典派経済学やマルクス経済学では，サービスは非生産労働とされ，まったく軽視された存在であった。19世紀末にはこの考え方はなくなり，その後，近代経済学においては無形財として捉えられるようになった。そして，ペティ・クラークの法則によってサービス産業は第三次産業に分類されるようになったのである。

　一方，経営学においては清水滋が4つに分類した[4]。第一は態度であり，ある対象への一貫性のある行動の傾向という意味がある。第二は企業の犠牲によって提供され，ゲストにとっては「無料」という意味がある。サービスの特徴を無償性と受けとめている人は，現在も多く見受けられる。第三は，サービス精神という表現に代表されるように精神（Spirit）を意味するものであ

る。第四は，無形財といわれるゆえんであるが，活動・機能という意味で使われている。因みに，前田は「機能的サービス」と「情緒的サービス」を分けて提示している[5]。

3.2　サービスという概念について

　以下，順次，サービス概念が意味するところは何か。また，サービスの基本的な特徴は何か。さらには，サービスが生み出す価値は何か。サービス価値を継続的に安定的に提供していくためには何をどのように考えればよいのか。1つ1つ述べていくことにする。

(1)　サービス概念のルーツ

　これまでサービスは，製品・商品の従属的な位置づけにあったといえる。しかしながら，今日，サービスは形あるモノと同様に組織の繁栄を支えるための構成要素にまで進化している。サービスの本質は何か。それは，顧客が本来的に行えること，あるいは行えないことを代行して提供する活動や機能のことであると捉えられる。たとえば，医療の場合には患者が本来行えないことを専門的な医学知識や医療技術によって提供する活動・機能のことであると捉えられる。法律的には，委任契約を取り結ぶ行為として捉えることができよう。

　サービスの語源はエトルリア語から派生したラテン語のServusであり，転じてSlave（奴隷）やServant（召し使い）という言葉を生み出している[6]。したがって，他者に仕えるとか奉仕するという意味で理解することができ，そこでの人間関係は従属的で一方向性（One-way）を含意しているものである。

　貨幣経済社会においては需要と供給のバランスが崩れ，価格が変化することによって人間関係の優位性が変化することが考えられる。それに伴って，サービスのクオリティ（Quality）の低下が発生するかもしれない。対人間においては，特にここから差別の意識が芽生える危険性があるであろう。また同時に，社会の発展に寄与する新たな価値創造へ向けて足かせになる場合も考えられるところである。

　サービスは本質的には代行機能の提供であり，その提供に対して対価が支

払われることを基本的な仕組みとしている。したがって，経済的な動機に基づいて行われる経済的な活動として捉えることができるのである。また，理論的には活動・機能のみをサービスとして捉えることが可能である。生身の人間による態度が伴わなくても，活動・機能の有用性が対価の対象になっているからである。

一般的にサービスに関して事業を起こす場合には，次の3つの視点が考えられる。第一は，顧客が持っていない能力を提供する場合について起業のチャンスがあるであろう。第二は，資源を組み合わせて活用する場合が考えられる。たとえば，旅行会社がイニシアティブを取って交通，ホテル，レストラン，テーマパークなどの，それぞれが持っている資源を組み合わせる事例が挙げられる。医療の場合には，病院とドラッグストアや介護事業との連携が考えられる。また，勤務医と開業医との連携についても考えられるところである。地域医療についても基本的にはこの考え方に基づくものである。第三は，経験の中から蓄積してきたノウハウを提供する場合がある。経営に関するコンサルティングなどが1つの例である。

サービス活動の目的は効率性を高めることであり，内部的には組織を継続的に維持するに足るだけの適正な利益を確保することである。すなわち，「無駄なく」「無理なく」「ムラなく」を達成する概念である。その目的のために，売り上げを上げること，コストを削減すること，利益を上げることなどの経営指標が基本にあるといえる。施策としては，標準化，システム化，マニュアル化，IT化，ロボット化などが考えられる。売り上げを増やすためには顧客数を増加させる必要があると同時に，コストを削減することによって利益を確保していくことも検討していかなければならない。

以上のことから，**図表1－1**にあるように，サービス概念については「サービス提供者がサービス享受者に対して，一方向的に効率的に役に立つ活動・機能を有形財と組み合わせて提供し，サービス享受者はサービス提供者に対して対価を支払う経済的動機に基づいた経済的な活動である」と定義することにしたい。

(2) サービスの基本的な特徴について

図表1-1　サービス提供者とサービス享受者の関係

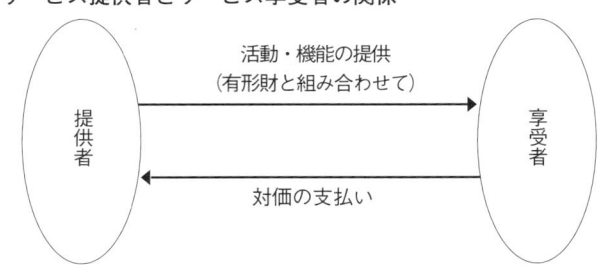

　サービスとモノ（製品・商品）は何が異なるのであろうか。主な特徴を挙げることにしよう。サービスは具体的な形ではなく，活動や機能としての行為を提供しその行為を受け取ることが第一の特徴である。ある機能や活動を提供して，対価を受け取るのである。この点，無形性（Intangible goods）が基本的な特徴であるといえる。しかし，実際には形のあるモノを使用して提供されることがよくある。たとえば，レストランに入ってオーダーする料理（モノ）はお店の人が行う接客行為とともに提供されている。中には，モノは販売されないがモノを介してサービスが提供されている。航空事業等の交通サービスなどは1つの例である。また，iPhoneやiPadなども有形のモノを購入して，形のない多くのソフトを獲得し利用することができるのである。このようなことから，有形性（Tangible goods）と無形性の両方を兼ね備えているものと解釈することが可能である。どちらの割合が大きいか小さいかの捉え方が可能である。

　第二の特徴は，同時性である。サービスを生産して提供する行為とサービスを享受して消費する行為が同時に行われるところに特徴がある。作り置きできない，やり直しがきかない，などはサービスの基本的な特徴である。たとえば，理容サービスなどがこれに当たる。すなわち，サービスは本来的には失敗ができないのである。医療サービスについては，まさに繰り返しができない行為である。患者の生命に直結していて，医師が最善を尽くす行為として捉えられるゆえんである。また同時に，医療ミスによる医療事故が問題になるゆえんでもある。しかしその反面，音楽配信のように繰り返し性を有

しているサービスもある。認識しておきたい事実である。

　第三は，一方向性という特徴が挙げられる[7]。サービスは効率性を追求することから主として提供者（Giver）から享受者（Taker）への一方向的な理解に基づいて行われる行為であると捉えられる。その点，一般的には機械的で義務的に行われる傾向が指摘されているところである。したがって，サービスはもともとクレーム（Claim）やコンプレイン（Complain）が生み出されやすい土壌にあるといえるのである。

　では，マネジメントの視点からサービスのみでは何が足りないのか。何が加わることによってサービスが持つデメリットを補うことができるのか。このことについては，本書の本題であるので第2章で論述することにしたい。

(3) サービスが生み出す価値について

　サービス行為が生み出す価値とは何か。第一は，効率性という価値である。無駄なく，無理なく，ムラなく，より多くのものを提供できるようにすることである。そのためには当該業務を標準化し，システム化する。また，具体的にはマニュアル化を行い，誰が行っても同じ出来栄えや仕上がりになるようにすることである。現実的には，人間が単位時間当たりに多くの動作を行うことが可能となるように，補完的にITやロボットを利用した機械化による自動化を組み入れているところである。

　第二の価値は，迅速性であり，より速く提供することが期待されている。短い時間内に複雑な手続きを終えることは，サービス享受者のイライラ感を軽減することに大いに役立っている現状がある。第三は，サービスを利用する際の料金体系の明瞭性である。当時，業界内においては異例であったヤマト運輸の宅急便等でのわかりやすい料金体系が1つの良い例である。第四は，施設・設備面や働く人の身なり等の清潔性（クリーン性）に関する価値が挙げられる。

　第五は，最も重要な価値として安全性に関する価値がある。1982年（昭和57年）2月8日にホテルニュージャパンにおいて火災が発生した。後でわかったことであるがホテルの外装は見栄えがよく一度は宿泊してみたいと思わせる豪華さを売りにしていたホテルであった。しかし，経営自体は安全性を

無視したコスト削減に向かっていたのである。すなわち，火災報知器は故障のため作動せず，天井に取り付けられていたスプリンクラーは水が出ない飾りであった。また部屋と部屋の間の壁はもちろん壁紙が貼られていたが，壁紙の中は壁自体が穴だらけで断熱材は使用されていなかったのである。安全性価値については，何はさておいてもすべての価値の基本になくてはならない。言わば，事業の生命線に当たる価値であり，事業の執行と事業継続の資格が問われる価値でもある。

(4) **サービスサイクルについて**

上記したサービス価値を生み出し実質的に提供し続けるためには，**図表1－2**にあるように3つのサービスサイクルが相互に呼応しながら機能することが欠かせない。また，3つのサービスサイクルのうちサービス管理サイクルが中心になって，サービス理念サイクルとサービス実施サイクルが相互の関係性の中で機能することを意図するものである。

① サービス理念サイクル

サービスを提供する理念とは組織の中に顧客満足度を向上させるという方針があり，そのための施策の計画と実施の取り組み全体を組織共通の価値観とするものである。この価値観の具現化を通じて，顧客が満足することになる。そうすると，売り上げや利益を向上させる可能性が出てくる。売り上げや利益が上がれば，働く人の給与が向上することが期待できる。これによって，一時的に働く人の士気が高まり満足する（Employee satisfaction）ことに繋がるのである。さらには，働く人は顧客が満足するように諸施策を実施するのである。このような好循環で機能する一連のサイクルを「サービス理念サイクル」と名づけることにしよう。しかし，あくまでも楽観的な期待に依拠しているという点において根拠はないといえるものである。論理的に繋がらない場合も起こり得るのである。また，組織で働く人々は合理的で経済的な存在であり，働く動機は経済的報酬を得るためであるとする経済的人間観に基づいているといえる。

② サービス管理サイクル

　第二のサービスサイクルは，サービス管理サイクルという。どのようなサービスをどの対象にどのような水準でどのように提供するのか。それも継続的に安定的に提供していくのか，という問いに対して実際的に具体的に解を導き出すサイクルである。

　この「サービス管理サイクル」は3つのサービスサイクルの中で全体を機能させるうえで鍵となるサイクルである。次の4つのステップから成る。第一のステップは，サービスにおけるビジネスモデルを設計し，目標と施策を組み立てることである。たとえば，病院における特徴ある診療科の育成は1つの好例である。第二は，目標達成へ向けて人の活動と物的資源を編成し動員して活用するステップである。第三は，サービスを均質的に安定的に提供する仕組みを作るステップである。第四のステップは，サービス利用者からフィードバックを受けるサービス評価表を設計し，アンケートやインタヴュー等の調査を実施して，その評価結果を次の目標設定にフィードバックするものである。

　サービスは，先に述べた通り，その言語的なルーツや意味を拠り所にした場合，効率性の向上が目的である。今やゲストが自らの主観的な評価である顧客価値を求める状況にあり，サービスの視点だけでは十分なビジネスモデルの設計は不可能である。それを可能にするコンセプトを開発することが求められている。ゲストの個別的で主観的な評価情報をビジネスモデルへフィードバックするためにはホスピタリティの援用が必要である。この点については第2章で述べるものである。

③ サービス実施サイクル

　実際にコアサービスやサブサービスを提供するサイクルのことである。たとえば，レストランにおける「サービス実施サイクル」は次の通りである。レストランを訪れたカスタマーのお出迎えに始まり，クール提供，オーダリング，ドリンク等の先出し提供，料理提供，中間バッシング，喫茶等のアフター提供，レジ，お見送り，最終バッシング，待機，というように一連の活動や機能を組み立てて効率的に実施するサイクルのことである。このサイク

図表1-2　サービスサイクルの相互関係

©YOSHIHARA, Keisuke

ルは，直接的に顧客と対面する接客の場面そのものである。

(5)　顧客満足の活動は何をもたらすのか

　サービスには，満足という概念が適合している。その理由は，サービスは顧客の不足や必要，不備，不便，不利，不透明，不満，不平などの欠乏動機に対応する行為だからである。したがって，ニーズ（Needs）という言葉が適合しているといえる。

　そして，CS（Customer satisfaction）とは「顧客が満足する」ことである。しかしながら，現状では「顧客を満足させる」ことに注力したCS活動が行われている場合が少なくない。大切なことは，「顧客自身が満足する」ことである。サービス享受者の期待に対してサービス提供者が行う行為がかみ合えば，顧客が満足したと解釈することができる。もし顧客の期待に対して対応できなければ，顧客は不満足な感情（Dissatisfaction）を持つことになる。また，顧客は提供側が思うほど満足しているとは限らない場合，不満ではないが満足していない状態（Unsatisfaction）も考えられる。満足というほどではないが，近くにある他のクリーニング店と比べると良いからという理由で妥協し選択している場合が考えられるからである。そのうえに，サービス提供が機械的で義務的に行われているとしたら，顧客は自らが満足するどころか，怒りの感情をあらわにして敵意（Hostility）に基づいた敵対的な行為，たとえばネガティブな口コミキャンペーンを行うことになるのである。

サービスは，効率性の追求が第一義的な目的である。このことから，その運営については当該業務を標準化してシステム化することによって実施される。また，具体的にはマニュアル化することが基本的な施策である。この背景には誰がサービス機能を提供しようともその様子や仕上がり具合についてはいつも同じ水準で，しかも継続的に安定的に供給されることを旨としているからである。このように，合理性に存在理由をもつサービスのみでは，飽きやすく移り気で多様な顧客の求めに応えることができないばかりか，ファン（Fan）になるとかリピーター（Repeater）になることは考えにくいといえる。

　また，ホストである提供者がゲストである顧客の限りない欲求充足に応えることについても限界がある。逆に，ゲストがホストの経済合理性による都合のために不本意ながら従わざるをえない場合についても同様である。これらのケースはどれも，提供者から顧客へ，逆に顧客から提供者への一方向的な働きかけを通じて行われるものである。したがって，基本的には顧客の期待に応えることを通じて顧客満足のみを追求するサービス提供を目的にしたマネジメントでは，手詰まりの状況になるといえるのである。なぜならば，一方向的な理解に基づく働きかけであって，ゲストの個別性や個人的な価値観を考慮することを非効率だと考えがちになるからである。

　働く側にとっても決められたことを決められたように行うこと，また自らが決めたことを決めたように行い続けることだけではしだいに人間の個性や創造性を失わせることになる。さらには，機械的で心からの行為とはならない傾向に陥る危険性をも内包しているといえる。すなわち，今後の経営にとっては最も欠かせない心遣いや気遣いは，経済合理性の視点から非効率的な働きかけであるとして排除されることも考えられるのである。[11]

　サービス提供の多くは，その生産と消費が同じタイミングで行われることから，提供者と享受者の立場の違いこそあれ，共に人間が担い，互いの関係のあり方がその成否を左右することになる。その点，顧客を満足させる視点から役に立つ活動・機能を一方向的に提供するサービス活動のみでは顧客の心を繋ぎとめて離さないといったことにはならないことも想定される。

　また，顧客に提供する前の段階として，コンセプトやビジネスモデルなどをはじめ，形のある製品・商品と形のない活動・機能を組み合わせて創造し

提供するマネジメントが何よりも望まれていることである．すなわち，今後は人間が本来持っている「心」を働かせ，「頭脳」を駆使して，各人の働き甲斐や生き甲斐に繋げていくことを考えていかなくてはならない．このように，サービス概念のレベルを超えたマネジメントが必要になる理由が，ここにあるといえるのである．

　筆者が，サービスを超えるという意味において想定している概念はホスピタリティである．ホスピタリティ概念は一人ひとりの人間を個別的に捉え適応する概念だからである．その点，筆者はホスピタリティ概念を用いたマネジメントの実践に可能性を見出すものである．1つの視点ではあるが顧客価値の視点から，顧客が「満足すること」と「歓喜する，驚嘆する，魅了する，堪能する，感動する，感激する，感涙する，感銘すること」とは明らかに峻別しておく必要があるであろう．

　しかしながら，これらの議論の前提として忘れてはならないことは，これまでも述べてきた継続的で安定的なサービスの活動・機能が基本的な条件として整っていてはじめて，ホスピタリティの実践が安定的に可能になる点である．この点については強調してもしすぎることはないであろう．

4. ホスピタリティについて

　日本でホスピタリティがクローズアップされたのは1992年のことである．まさにバブル崩壊と軌を一にしていた．人と人の関係が機械的で希薄になっていたことが背景にあり，警鐘を鳴らすためのキーワードとして登場したのである．

4.1　ホスピタリティ概念の導入

　当時，有志が集まり，日本ホスピタリティ学会設立準備委員会を立ち上げた．そして，1995年に筆者が幹事長を務めていたときであるが日本ホスピタリティ学会が設立された．その後，筆者は顧客が評価する価値の観点から「ホスピタリティ価値[12]」を造語したのである．現在では，ホスピタリティ価値の概念は下記の2つに要約される．1つはさりげないちょっとした気遣い

第Ⅰ部　理論編

（Spontaneous little touch）である。もう1つはホストとゲストが共同して新たな価値を創造するという意味がある。ホスピタリティ価値は，「自律」「交流」「対等・パートナー」といったキーワードを有する概念である。以下の節において，述べることにしたい。

　ホスピタリティに関する研究が日本で開始されてから，長い間，サービスを対置概念として挙げていた。しかし，ホスピタリティ概念については人間が生きるうえでの本質を言い当てていることがしだいにわかってきたのである。すなわち，ホスピタリティは製品・商品（Tangible goods），先述したサービスという表現が使われた無形財（Intangible goods），経営的には人的資源として表現されるところの人間，施設や設備等の物的資源，地球温暖化等をはじめとした環境などについても視野の中にあり，これらをマネジメント対象にする概念である。なんと魅力的な言葉ではないか。

　また，他の学問領域においてもホスピタリティ概念からの説明を必要としている。たとえば，経営戦略論においては戦略提携，連携，相互依存・相互補完の戦略，幸福の戦略などである。マーケティング論では，さらにホスピタリティ領域に踏み込んでいるといえる。One to One マーケティング，リレーションシップ・マーケティング，パートナーシップ・マーケティング，価値共創のマーケティングなどが挙げられる。経営資源の中で人間を研究対象にしている人的資源管理論（ヒューマン・リソース・マネジメント）については，自律型人材，プロフェッショナル，キャリア開発・形成，カフェテリア型教育，外国人採用と活用，女性の活用ダイバーシティ・マネジメントなどがホスピタリティの方へ向かっているといえる。いずれも，今後の人間のあり方や方向性を示唆しているところである。すなわち，ホスピタリティマネジメントが求められているのである。

4.2　ホスピタリティに関する誤解

　ホスピタリティほど，いろいろな誤解を招きやすい言葉はないであろう。ホスピタリティという宝石箱は魅力がいっぱいで人間の本質を言い当てている一方，注意しなければならない点も多くある。下記にまとめておきたい。

第1章　ホスピタリティの魅力について

(1)　ホスピタリティはコストがかかるという誤解

　ホスピタリティといえば，事例としてまず挙げられるのが東京ディズニーリゾート（TDR），ザ・リッツ・カールトン（Ritz-Carlton），和倉温泉加賀屋などである。どの事例についてもそうであるが，経営者サイドからいっても利用者サイドからいっても現状ではお金がかかるという印象がある。また，巨額の投資をしないとホスピタリティは実践できないのか。日本文化の伝統である茶道もしかりである。ホスピタリティはお金がかかるという点については，まったく誤った誘導であるといわなくてはならない。

　その理由は，ホスピタリティは最終的には人間がその成否を担っているからである。たとえば，筆者が通っているあるレストランであるが，格安感や値頃感があるにもかかわらず，提供している飲食についてはどれも「本物志向」で美味しく工夫されている。また，使用されている食材はその日のうちに築地市場から仕入れるといった「こだわり志向」である。お店は綺麗に片付けられていて，料理をする主人もそこで働いている人も丁寧な対応である。施設や設備が決して豪華でなくても，ゲストを迎えるホストの人間力がどうか，でホスピタリティ発揮度が決まる事例であるといえるだろう。

(2)　ホスピタリティは生産性が下がるという誤解

　先述したごとく，サービスは顧客をマス（Mass）で捉え，多くは顧客の期待や欲求を効率的に充足させることに注力してきたのである。サービスは均質化を目指して，主にIT化を進め，可能な限りにおいて機械化を進めてきた。これからはますます無人化し自動化されていくことだろう。このことによって，働く人の一人当たり1時間当たりのアウトプット・量的な産出量は上昇し，いわゆる労働生産性（Labor Productivity）[14]が向上するのである。しかしその反面において，働く人の創造性の発揮は低下しているといわなくてはならない。言わば，労働の質が低下しているのである。

　これからの経営は，一方的なサービスを基本としつつも，ゲスト一人ひとりの個別的な事情や潜在的なニーズに応えていかなければならない。また，個別性を超えて人間生活の質的な向上に貢献することがますます求められてくるであろう。ホスピタリティが生み出す価値を経営のエンジンとして位置

づけることで，ホスピタリティを実践することは働く人の創造性や能力の発揮度を高め，中長期的に生産性が上がっていくものと捉えることの方がいろいろな意味で社会貢献度は高いといえる。

(3) **自らが犠牲になって他者を幸せにするという誤解**

　日本においては，自己犠牲の精神を強調する傾向がある。一見，自己犠牲は美しいことのように考えられがちである。しかし，このことは一時的であって長続きしない考え方であるといわなくてはならない。なぜならば，個々人が創造性を発揮するどころか，働く人間が肉体的にも精神的にも摩耗していくといった危険性を内包しているからである。自分を活かす発想に立たなくてはこれからのイノベーションは成り立たないであろう。

　過去に1980年代まで続いてきた「滅私奉公」という考え方があった。献身的に尽くすことが美徳であり，滅私の精神を強調するものである。そのアンチテーゼ（Antithesis）として，「他者の役に立ちたい」「他者の利益を重視したい」「他者に喜んでもらいたい」と考え，そのために自らの能力を最大限に発揮する「活私利他」[15]の考え方が必要になってきているのである。すなわち，ホスピタリティの考え方そのものである。そうなれば，他者も自らも「Happy・Happy」の関係づくりができるのである。時間と空間を超えて「Give and Take」が互いの建設的な関係を継続させる鍵になるのである。

(4) **ホスピタリティはサービスのプラス・アルファという誤解**

　これまでサービスについて述べてきたが，ホスピタリティはサービスの対置概念ではない。また，ホスピタリティはサービスに付加する概念でもない。ホスピタリティはサービスよりもはるかに人間生活に関係のある要素を含んでいる概念である。すなわち，何も無形財のみを対象にしているわけではないのである。有形財としての製品・商品，無形財としての活動・機能，施設・設備等の物的資源，またこれらを創造する存在としての人間，そして自然環境を含む環境などを包含する概念である。

　どれもがマネジメントの対象であり，事業としての企画・開発の対象に他ならない。ホスピタリティは俗にいう"おまけ"ではなく，経営のエンジン

として位置づけ直すことが十分に可能である。ホスピタリティは、サービスとはまったく別次元の創造的な活動を必要とする概念である。この点については、第2章で言及することにしよう。

4.3 ホスピタリティの変遷について

ホスピタリティについては、以下の変遷を経て今日にいたっている[16]。

- 人類の歴史とともに存在し、根源的には原始村落共同体を形成するプロセスにおいて、共同体外からの来訪者を歓待し、飲食あるいは衣類、また休息の場を提供する異人歓待の風習に遡る。
- ラテン語のHospesが語源で、PotisとHostisの合成語である。Potisは、英語のAbleやCapableの意味があり、「能力がある」「力がある」「可能である」といった意味がある。転じてHostの立場を表している。一方、Hostisは英語のStrangerに該当し、「見知らぬ人」「不案内の人」「異邦人」といった意味がある。これは、Guestの立場を表している。
- 欧州諸国では、巡礼を主とした旅する異邦人を保護する考え方があった。ゲストを寛大にフレンドリーに受け容れるという意味がある。また、ゲストを楽しませるという意味を含んでいる。
- 米国では、特にホスピタリティ産業に関する捉え方が主で、飲食業とかホテル業の経営を意味している。また、選択の自由が重要なこととして強調されている。

これまで検討してきたように、サービス概念が具備している傾向のみではホストとゲストの共通の目的は成就しないといえる。ホスピタリティの実践対象は、「製品・商品・モノ」「サービス」「人間」「物的資源、施設・設備」「環境（自然環境、動物、植物）」の5つである。本章では、これまで論述してきたサービスそのものの中に内包されている限界を可能性へ変換するために、ホスピタリティ概念の援用を求めようとするものである。

4.4 ホスピタリティ概念のルーツ

では、ホスピタリティはどのような概念なのか。ホスピタリティのルーツ

であるホスペス（Hospes）に依拠してその意味するところを導き出すことにしたい。それは，下記の3点である。[17]

(1) 自律性の発揮について

　自己決定することで自律度は高まるであろう。ホスピタリティ概念のルーツであるホスペス（Hospes）は，ホストとゲストが時間と空間を超えて交互に入れ替わることを示唆している。すなわち，その背景には当事者の意志が明確にあり，とりもなおさず自分で考え行動するところの「自律性」について含意しているものである。ここから，人間は自らが軸になる「主体性」を表現し，自らが関係者に働きかける「自発性」と他者からの働きかけに対してレスポンス（Responce）するところの「応答性」の行為が交互に繰り返されるのである。また，変化への適応を意味する「柔軟性」をも兼ね備えているのである。

　重要なことは，自律とは決して他者に迎合することではないという点である。また，決して他者との関係を遮断する概念ではない点である。たとえば，企業側がゲストと関係づくりをして，価値の共同創造者にしたいのであれば，ゲストが集まるところに出掛けていく，またゲストが主催する会合に出掛けて行ってみることである。企業側からの積極的な働きかけとリードが求められているのである。ところで，自律性（Autonomy）発揮の条件については，下記の6点がある。[18]

① 自らがはっきりとした意志を持っていること。
② 当該テーマについて一定の知識と理解，経験，実績などがあること。
③ どこからも影響を受けないで自らが決定したという実感を有していること。
④ 自らが頼りにできる繋がり・ネットワークを分散的に有していること。
⑤ 自らが心身ともに安定していること。
⑥ 自己理解に努め励んでいること。すなわち，アイデンティティによって自己感を定めようとしていること。

(2) 交流の促進について

ホスピタリティ概念のルーツであるホスペス（Hospes）は，もともと客人は恐るべき敵であるという意味を有している。敵意とは，ホスピタリティと正反対のホスティリティ（Hostility）を意味している。つまり，二者間の関係は油断ができないことを意味するものである。また反対に，人間は好意・好感をもって交流すれば，「潤い」「安らぎ」「癒し」「憩い」「寛ぎ」「暖かみ」「温もり」「味わい」「優しさ」「和み」「深み」「高み」などを実感できる場を共に創造することが可能であることを示唆している。すなわち，快適な時間と空間づくりが可能であることを含意しているのである。

　ホスピタリティの本質である関係者を受け容れる「受容性」とともに，関係者の相互関係のうえに相互作用を促進するところの「関係性」と「交流性」の必然性についても含意している。さらには，一人ひとりを大切な存在であると捉え個別的に働きかけ対応する「個別性」，関係者の感情や気持ちの領域に焦点化したうえで理解しこちら側がわかっていることを表現するところの「共感性」，関係者の考え方や行動に対して心から同じように感じ表現するところの「共鳴性」，関係者が共に学び合う「学習性」についても示唆するものである。

　たとえば，介護の場面で排泄ケアの際に，介護する側が認知症に罹っている人に対して急に一声をかけ，おむつを交換しようとしているケースがある。この場合，認知症を発症している人からすると，介護する人を「私に暴力を振るおうとする敵」であると感じ，大きな声を出したり拒否したりする場合が考えられる。それは，安心できないと感じるからである。利用者側に立つと，自らが安心できると感じる安全な場づくりが必要なのである。介護する側の交流のパターンについても吟味することが求められているのである。

(3) 対等・パートナーという関係の形成について

　人間は他者との距離を縮め，歓喜の感情を共有することで，互いの印象や評価を変えることが可能である。ホスピタリティのルーツであるホスペス（Hospes）には，ホスト（Host）の立場を表すPotisとゲスト（Guest）の立場を表すHostisの両方の意味を有し，両者がパラレル（Parallel）に存在していることから対等性を含意しているものである。

このことは，何を意味しているのであろうか。上記の（2）は，その時々の立場は異なるにせよ，人が人とかかわることで生まれ進展する関係のあり方やあり様について示唆しているといえる。両者が同じ土俵で関係づくりをしようとしている心理的な営みについて示唆しているものである。すなわち，一方向的な働きかけではなく心理的なエネルギーをも含めて互いが互角の関係にあるのである。イーブン・パートナー（Even partner）と呼ぶに相応しい「対等性」について含意しているのである。私たちは，対等・パートナーという言葉を大事にしたいところである。

　互いの関係形成を重視する「関係性」，互いに心と心の絆を形成し合い感じ合い深め合うところの「連帯性」，互いに頼りにできるとして信じ合う「信頼性」，互いが力を出し合って1つの全体を作るという意味での「補完性」[19]，共に働きかけ合い共に力強く活動する「共働性」，互いが対等な関係を維持しつつ共に力を出し合い何かを創造することに貢献し合う「共創性」等についても示唆するものである。

　たとえば，医師と患者の関係が一方向的で固定化されている場合には，両者の共通目的である病いの治癒については相互参加で行えないことを意味するものである。機能的な関係や主従関係がこれに該当する。インフォームド・コンセントを実施する場合，医師が診察し診断して治療方法について両者が対等な立場で話し合い，互いに納得したところで決定することが望ましい姿である。患者の側からすると，自分の身体に何が起きているのか，今どのような状態なのか，何を行うべきなのか，等について知りたいところである。医師のアドバイスがどれほどの安心感をもたらすことか，また医師からの働きかけがどれだけ心強いことか，測り知れない。医師は，患者の主訴によりこれまでの経過や現在の症状について問診するとともに，客観的な検査データに基づいて個別的に最良の治療方法を検討し選択するのである。

　そこに，インフォームド・コンセントは医師と患者双方が互いの心理面に向き合う行為であると捉えることができるのである。医師は患者に問診を行うことで依存し，患者は医師に診察やその後の治療・治癒について依存する。医師は患者がいなければ成り立たない職業であり，患者は自らが病気に陥ったときに医師が傍らにいなくてはならない。このような相互依存の関係が成

立することの中で,インフォームド・コンセントの概念は成り立つといえるのである[20]。

(4) サービスと混同されるホスピタリティについて

図表1－3は,これまでの議論を踏まえ作成したものである。また,ホスピタリティがサービスと混同されていることから両者を対比したものである。両概念は,水と油ほど異なっているといえる。この比較表については,第4章以降に事例研究していく際の参考になるものである。また,事例研究の際にはホスピタリティ概念から導き出したホスピタリティマネジメントの基本原理に依拠することが肝要である。この基本原理については,第2章で述べることにする。

図表1-3　サービスとホスピタリティの比較

項目＼概念	サービス	ホスピタリティ
顧客価値	サービス価値	ホスピタリティ価値
目的	効率性の追求	価値の創造
人間観	道具的	価値創造的
人間の特徴	他律的・受信的	自律的・発信的
関係のあり方	上下・主従的	対等・相互作用的
関わり方	一方向的で固定化している	共に存在し働きかけ合う
組織形態	階層的	円卓的
情報	一方向・伝達的	共感的・創造的
文化	集団的・統制的	個別的・創発的
成果	漸進的	革新的

©YOSHIHARA, Keisuke
出所：参考文献［30］の26頁の図表2-1。

5. ホスピタリティの実践と価値創造的人間観について

現在,多くの場合,人間を操作の対象であるとして組織が与える目的や目標を効率的に達成するための道具として位置づけているのではないだろうか。人間は,そのための1つの機能であると考えられているのではないであろう

か。これまでは，意味探索人の仮説[21]や自省人の仮説[22]が論じられている。

筆者は，かつて「1つの方向性を打ち出すとしたら，「意味形成的人間観」をよしとしたい。なぜなら，人間の存在の意味や目的は，はじめからあるのではなく，作っていくものであり，メンバーによってどのように働く意味を作っていくかは異なるからである。メンバーを単一の価値観で捉えるのではなく，さまざまな価値観をもって意味を形成しようとしている存在として許容する捉え方が必要になるだろう。本来，異質な見方・考え方をもって人と人との相互作用によってこそ，新しい意味や価値の創造が可能である」[23]と述べた。本書では意味形成的人間観という表現ではなく，新たな価値を創造し社会に対して貢献しようとする人間観であるとして，「価値創造的人間観」と表現するものである。より直接的に表現したいと考えたものである。価値創造的人間観の要件については，下記の7点を挙げておきたい[24]。

(1) To beの関係づくり

人間は，互いを寛大に友好的に受容し合って共存する。すなわち，To beの関係づくりを行う。その際には，互いに各自の立場・役割等の違いについて敏感に気づき，認め合い，対等な関係を維持し継続させることに意義を認める。キャリアが異なる等の異文化に対してはそれを受け容れ，忍耐強くツー・ウェイ・コミュニケーション（Two-way communication）を行う。

(2) 共に学び合う存在

人間は，自らの意志を明確にもって自らの言葉で語ることを前提にして，関係者とオープンに率直に交流し合い，共感し合い，共に学び合う存在である。そのような営みの中から生まれる信頼の感情をベースにして，各人が力を尽くし，互いに力を出し合い，心を合わせて一体感のある場をつくろうとする。

(3) 有機的な創発を促すプロセス

人間は，時間と空間の広がりを視野に入れて何が正しいことなのか，自らの心で感じて，自らの頭脳で考え，関係者と共感できる価値を共創する。すなわち，関係者と共に目的を創造し，互いの目的を達成するために助け合う。

また，補完し合う。したがって，予定調和的な発想から脱して，ダイナミックで有機的な創発を促すプロセスを楽しむ。

(4) ノマド的な行為

民族，国籍，文化，性別，年齢（世代），職業等に関係なく組織内外の関係者とネットワークを形成し，自由に動き回って，異質性と出会い，異質性を許容し，それらを相互に連結して，知識創造を促進する。すなわち，遊牧民的なあり方を提起し，場合によっては少し効率性とは縁遠いところのノマド的な行為を演出する。

(5) 自律的な存在

人間は，自律的な存在である。すなわち，自立して当該の事柄について精通し遂行に当たって筋道を立てて考えることができるようになる。さらには，自律して自らが軸になって果たしていこうとし，関係する問題が生じたり制約が顕在化したりしても主体的に解決し，関係者からの期待や要請に応えようとする存在である。

(6) 内発的な動機に基づく成長

人間は，賃金や昇進・昇格などの外発的な動機のみではなく，好きなことは何か，成し遂げたいことは何か，どのようなときに最も幸福感を感じるのかなど，自分の居場所は自分で見つけようとする内発的な動機に基づく成長を重視する。そして，自らの世界観・価値観をもって自らが担っている役割を果たしていこうとする。

(7) 新たな意味や価値を創造する存在

人間は各人によってどのように働く意味を形成していくか，については異なる存在である。人間が存在する意味や目的は初めからあるのではなく，創造していくと考えるべきであろう。すなわち，自らが自らと謙虚に向き合い自己を方向づけるとともに，多様な価値観を許容し，互いに一人の人格として関係者と連携し新たな意味や価値を創造する存在である。[25]

6. ホスピタリティ概念の属性分析について

　ホスピタリティ概念のルーツであるホスペス（Hospes）に依拠すると，その意味するところは下記の３点である。第一は，自律性を発揮する人間は極めて主体的な存在だということである。ホストもゲストも自律的で自発的に働きかける主体である。また，自らの能力を発揮しようとする存在である。第二は，自己利益の最大化を図るのではなく，他者の利益を重視する考え方に基づいて他者との共存可能性を探る存在だということである。そのためには，他者に対しての受容性がポイントである。第三は，人間は何かを達成するために誕生し存在しているということである。もともと一人では限界多き存在である人間がなかば本能的に行うことといえば，他者との信頼関係を構築して新たな価値を共創することである。

　図表１－４は，ホスピタリティ概念の属性を分析してまとめたものである。筆者は，本質的な属性である「自律」「交流」「対等」をブレイクダウンして下位の属性を導き出した。すなわち，ホスピタリティ概念の特性，価値創造的人間観，ホスピタリティ人財，ホスピタリティプロセス[26]，ホスピタリティの定義といった５つの属性である。これらの関係が，あいまいであれば都合のよい説明が繰り返され，混乱をきたす原因にもなる。この分析結果については，ホスピタリティ概念について理解する鍵になるものである。

(1) ホスピタリティ人財とホスピタリティ概念の特性について

　筆者は，ホスピタリティ概念のルーツであるホスペスの原義に依拠して，組織で働く人間を「ホスピタリティ人財[27]」と呼称した（**図表１－５**）。すなわち，自律の源泉である「自己」の領域，交流の源泉としての「親交」の領域，対等・パートナーを含意するところの「達成」の領域について，それぞれ明らかにしたものである。ホスピタリティ概念が「自律」「交流」「対等・パートナー」等の意味を内包していることによって，現代社会に対してどのような示唆を投げかけているのか。

　現在のトピックスとの関連では，自己の領域についてはキャリアデザインや自分づくりに関連している。親交の領域は思いやり，親切，受容力，理解

図表1-4　ホスピタリティ概念の属性分析

本質的属性		属性(Ⅰ)・自律	属性(Ⅱ)・交流	属性(Ⅲ)・対等	
下位の属性	1	主体性 自発性 応答性など	受容性 共感性 学習性など	共創性 信頼性 補完性など	➡ ホスピタリティ概念の特性
	2	(5) (6) (7)	(1) (2) (7)	(3) (4) (7)	➡ 価値創造的人間観
	3	自己の領域	親交の領域	達成の領域	➡ ホスピタリティ人財
	4	自己発揮のプロセス	親交促進のプロセス	達成推進のプロセス	➡ ホスピタリティプロセス
	5	主体が自律的にアイデンティティの獲得を目指して自己を鍛え自己を発信しながら、	他者を受け容れ交流して、	信頼関係づくりを行い互いに補完し合って社会の発展に貢献する価値を共創する活動である。	➡ ホスピタリティの定義

©YOSHIHARA, Keisuke
注：上記における価値創造的人間観の番号(1)～(7)については，本書の第1章第5節を参照のこと。

力などに結びついている。また，達成の領域についてはワークライフバランス，ダイバーシティ，パートナーシップ，成果主義などに関して問題解決の手掛かりを与えるものである。

では，ホスピタリティ人財とはどのような特徴を有しているのであろうか。これまでの研究を経て明らかなことは，自己利益の最大化原則に基づいていないことである。すなわち，人間が他者との関係の中で生きていくとはどの

ように捉えればよいのか，についてガイドするものである。

　ホスピタリティを具現化する主体は，理論的には一人ひとりの人間である。また，ホスピタリティを実践するためには，機械化やIT化，ロボット化が進んではいるものの，依然として「人間」が主体である。ホスピタリティ人財こそが，すべての「もの」や「こと」を創り出す担い手であり，かけがえのない存在である。

　以上のことから，ホスピタリティ概念自体が人間を複合的に捉えようとするスタンスにあることがわかるところである。人間の本質を語るうえで，**図表１－４**に記したホスピタリティ概念の特性に以下の５点を加えるものである。人間は，いろいろな志向や経験をもっているという意味において「多様性」を帯びた存在である。また，関係者が互いに作用し合う「相互性」，互いが提供し合う価値は双方にとって報酬となる「互酬性」，アイデンティティを意味するところの「独自性」，互いに成長し合うところの「成長性」を帯びた存在である。

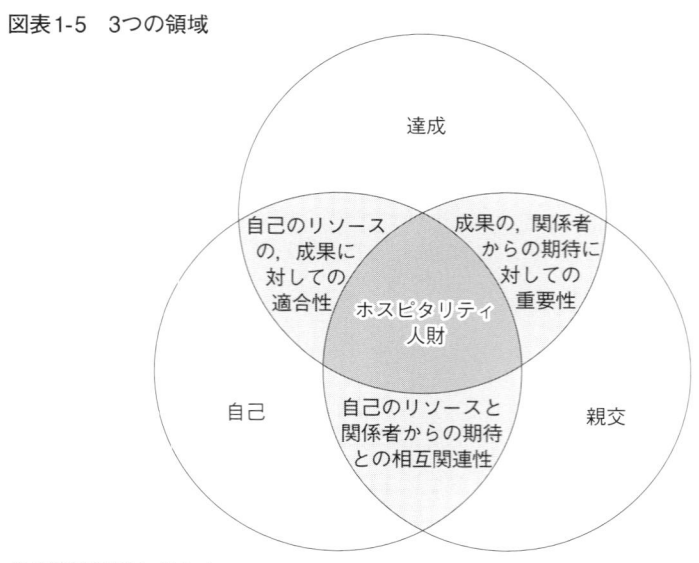

図表1-5　3つの領域

達成

自己のリソースの，成果に対しての適合性

成果の，関係者からの期待に対しての重要性

ホスピタリティ人財

自己

自己のリソースと関係者からの期待との相互関連性

親交

© YOSHIHARA, Keisuke。

(2) ホスピタリティ人財と人間観の相互関係

　ホスピタリティ概念を拠り所にして行うマネジメントはいくつかの人間観を合わせもって行われるといえる。自己の領域に立脚している人間観は自己実現的人間観である。また，親交の領域に立っている人間観は社会的人間観である。達成の領域はどうであろうか。2つの人間観に立脚しているといえる。1つは，効率性や経済合理性を目的とする経済的人間観である。もう1つは，新たな価値を創造し社会の発展に貢献しようとする価値創造的人間観である。

　これまでホスピタリティ概念の具現化を志向し，ホスピタリティを具現化する主体は人間であるとして，時代の変遷とともに今日まで適用されてきた人間観について概観したうえで，価値創造的人間観の要件について提示したところである。

　ホスピタリティ人財は，ホスピタリティ概念のルーツであるホスペス（Hospes）の原義に依拠して提起したものである。また，価値創造的人間観については人間観の変遷から考察しサービス概念とホスピタリティ概念とを比較研究することで生み出したものである。この両者の相互関係性についてはどのように捉えられるであろうか。第一は，価値創造の過程においてこそ，「自己」「親交」「達成」の3つの領域をもったホスピタリティ人財が活動すると捉えることが可能である。第二は，上記した価値創造的人間観の要件はホスピタリティ人財が備えるべき要件として位置づけることができるものである。なぜならば，価値創造的人間観の要件とホスピタリティ人財を導き出した原義については，共通性が認められるからである。具体的には，**図表1－4**に記した価値創造的人間観の（5）（6）（7）については自己の領域に該当する。同（1）（2）（7）は親交の領域に該当している。また，同（3）（4）（7）については達成の領域に該当するものである。このように両者の相互関係性についてあらためて捉えてみることで，両者の間には論理的に矛盾のないことがわかったところである。

(3) ホスピタリティプロセスについて

　ホスピタリティを実践するプロセスのことをホスピタリティプロセスという。**図表1－6**は，その概要である。ホスピタリティプロセスの進化として表し

図表1-6 ホスピタリティプロセスの進化

項目＼プロセス	第一のプロセス	第二のプロセス	第三のプロセス
1. プロセス	自己発揮	親交促進	達成推進
2. ステップ	自発，応答，関係	交流，共感，学習，利得	信頼，補完，共創
3. 場づくり	出会いの場	交流し合う場	達成推進し合う場
4. 相互の関係性	相互関係	相互作用	相互補完
5. 主導する領域			達成の領域
		親交の領域	親交の領域
	自己の領域	自己の領域	自己の領域

©YOSHIHARA, Keisuke

たものである。下記の通り，3つのプロセスと10のステップから構成される。

　第一は，自己発揮のプロセスで，自発，応答，関係のステップから成る。ホストとゲストの相互関係を取り結ぶプロセスである。すなわち，自己の領域が主導して，他者に働きかける「自発」と他者からの働きかけに対しての「応答」から始まる。自発と応答が繰り返されることによって，好意的で好感の感情による「関係」が生まれるのである。

　第二は，親交促進のプロセスで，交流，共感，学習，利得の各ステップから成る。相互作用を促進するプロセスである。すなわち，自己の領域と親交の領域がともに主導して，互いに交流し合い共感性を高め広げることが目標である。さらには互いに学び合い，その結果としての精神的な利得等を交換し合うプロセスである。自他相互の利得が次の第三プロセスに繋がることになるのである。

　第三は，達成推進のプロセスである。このプロセスは，信頼，補完，共創のステップから成り，相互補完のプロセスである。すなわち，これまでのプロセスを互いに育てていくことで当初の好意・好感の関係から信頼の関係を形成し，互いの強みを出し合って補完し合い，パートナーとして共に新たな価値を共創するプロセスである。このプロセスでは「自己」「親交」「達成」の各領域が主導することから，ホスピタリティマネジメントでは最も重要なプロセスであるといえる。

第 1 章　ホスピタリティの魅力について

(4)　ホスピタリティの定義について

　ホスピタリティ概念は，人間が行うすべての活動領域において適用可能である。また，前述した属性分析に基づいて，ホスピタリティについては次のように定義したところである。

> 　主体が自律的にアイデンティティの獲得を目指して自己を鍛え自己を発信しながら，他者を受け容れ交流して，信頼関係づくりを行い互いに補完し合って社会の発展に貢献する価値を共創する活動である。[29]

　ホスピタリティは，本質的には他者を心から受け容れ迎え入れることが基本である。誰かと誰かが，共に心を合わせ，力を合わせて相乗効果を生み出す概念である。他者に対しての自発と他者からの働きかけに対しての応答こそがその後の関係形成や一体感の醸成において鍵になるものである。言い換えるならば，まずは関係者が「出会いの場づくり」のプロセスを創造することが極めて重要なことだといえるのである。そして，「交流し合う場づくり」「達成推進し合う場づくり」のプロセスへ向けて関係者の間に信頼関係を育てていくことである。

　また，人間には踏まえておかなくてはならないことがある。当然のこととして礼儀，節度，態度，物腰，ルール・約束事の遵守等にも神経を使いたいところである。いくら成果を上げたとしても，人間としての土台が発現されなければ誰からも尊敬されないからである。[30]

7. おわりに－マネジメントの方向性について－

　2020年に東京でオリンピック・パラリンピックが開催されることに伴って，おもてなしがクローズアップされている。声高にいわれることで何か義務感のようなものが湧き起こっているかのようである。本章ではおもてなし，またサービスという言葉について吟味した。経営においてホスピタリティ概念を具現化することを目的にして提示した価値創造的人間観とホスピタリティ人財との相互関係性について考察し両者の相互関係性についてあらためて捉

えることで，両者の間に論理的には矛盾をきたすものではないことがわかったところである。その結果，ゲストの主観的な評価情報に出会い，先手先手で有効な手を打っていくためにはホスピタリティ概念の理解だけではおぼつかないことも明らかになった。それには，「ホスピタリティ概念によるマネジメント」が必要であり，第2章で述べることにしたい。これらの視点については，サービス概念を見直すことの中で出てきた研究成果であることを強調しておきたい。

[注]
1) 立教大学にて2012年7月14日開催の大学院ビジネスデザイン研究科ホスピタリティ研究会主催の，筆者による基調講演において述べたものである。
2) 参考文献［2］の107-118頁を参照。
3) 参考文献［32］を参照。
4) 参考文献［14］を参照。
5) 参考文献［7］［8］を参照。前田は，参考文献［7］の20-21頁で，「サービスを構成している要素は，基本的に"機能的な面"と"情緒的な面"とに大別することが可能である。ここでいう"機能的な面"とは，多くの人が共通して認めることのできる"はたらき（便益供与）"であり，この面を『機能的サービス』と呼ぶ。これに対して，"情緒的な面"とは，サービスの"やりかた"に関するものであり，その中心をなしているのは利用者に対する提供者の"人的対応"である。"やりかた"については，"はたらき"の面とは異なり，「よい」と感じるか「わるい」と感じるかには個人差や状況差があり，何をもってサービスと捉えるかについても個々人による違いがある部分である。このような面を『情緒的サービス』と称して区別する」と述べている。
6) 参考文献［16］の321-322頁を参照。
7) 参考文献［5］を参照。サービスの基本的な特徴の1つとして「協同性」が挙げられ，サービス提供者とサービス享受者との相互作用論を提起している文献が多い。しかしながら，サービス概念の原義やサービス提供側の論理からすると，効率的で一方向的な理解に基づいた提供になっているといえよう。
8) 筆者による造語である。
9) 参考文献［5］の35-36頁を参照。
10) 参考文献［5］の36-38頁を参照。
11) このことが，ホスピタリティはコストがかかるとの誤解をもたらしている1つの原因である。
12) 筆者による造語である。
13) 参考文献［39］外国語文献のp.261を参照。

第 1 章　ホスピタリティの魅力について

14) 参考文献［4］を参照。
15) 筆者による造語である。1980 年代まで日本人と組織の関係を表現していた「滅私奉公」に対して，「活私」と表現し，「利他」を組み合わせた造語である。利他主義は岩波国語辞典によれば，「自分を犠牲にしても他人の利益・幸福を考えて行動するやり方」とある。本書は「自分を犠牲にしても」ではなく，自らをいかす活私の視点を強調するものである。また同時に，利己主義は同じく岩波国語辞典によると，「自分の利益や快楽だけを考えて行動するやり方」とある。ホスピタリティとは対極にある考え方である。問題は，多くの人にとって「自分を犠牲にする」という理解が可能かどうかである。一部の人を除いて多くの場合，途中で頓挫するであろう。マネジメント上，継続性を考えなくてはならない。
16) 参考文献［16］の 326-328 頁を参照。
17) 参考文献［2］［3］［16］［17］［18］［31］［37］［38］を参照。
18) 参考文献［34］を参考にした。
19) 補完性については，参考文献［9］の 122-138 頁に詳しい。
20) 参考文献［36］を参照。筆者は実証的研究の 1 つとして，医師を対象にしてアンケート調査を実施し，仮説を発見するとともに仮説を検証した。それによると，「医師は 2 つの志向性（ホスピタリティ価値を重視する志向と患者の自己決定を促す志向）が医療成果（治癒効果と患者の人生や幸せ）と関係があると考えている」ことがわかったところである。
21) 参考文献［15］の 99 頁を参照。
22) 参考文献［10］の 278-280 頁を参照。
23) 参考文献［20］の 74 頁を参照。
24) 価値創造人は，筆者による造語である。本書の第 3 章第 5 節で論じる価値創造の過程に対応するものである。参考文献［28］の 278-280 頁，及び参考文献［30］の 23-24 頁を参照。
25) ここで表現した価値とは，主にホスピタリティ価値（筆者による造語）のことである。
26) これまではホスピタリティ・プロセスと表していたが，本書からホスピタリティプロセスと表現し，1 つの言葉として問うものである。参考文献［30］の 41-61 頁を参照。
27) 筆者による造語である。詳しくは，参考文献［24］の 281-290 頁，及び参考文献［30］の 11-15 頁，35-37 頁を参照。
28) 詳しくは，参考文献［23］［25］［26］［30］を参照のこと。
29) 参考文献［30］の 58 頁を参照。ホスピタリティ概念の属性分析を行った結果，読点（，）を打ち直した。また，文言について加筆し修正したものである。そして，参考文献［31］［37］［38］を参照のこと。これらの文献に記載されている定義は精神論的，かつ抽象的に捉えられているといえる。現実的な適用の実態を捉える基準にすることは困難であるといわなくてはならない。
30) 成果とは，「職責に見合った目標」「達成推進のプロセス」「目標の達成度・結果」の 3 つの要素から構成されるものである。

第Ⅰ部　理論編

［参考文献］
［1］ダイヤモンド・ハーバード・ビジネス・レビュー編集部編（2012 年 5 月）『幸福の戦略』ダイヤモンド社．
［2］服部勝人（2004）『ホスピタリティ学原論』内外出版．
［3］今村仁司（2000）『交易する人間』講談社．
［4］公益財団法人日本生産性本部生産性総合研究センター編集・著作（2010 年 7 月 21 日）『産業別にみた生産性の動向 ＜飲食・宿泊業編＞』産業別生産性レポート No. 4，公益財団法人日本生産性本部．
［5］近藤隆雄（1995）『サービスマネジメント入門』生産性出版．
［6］近藤隆雄（2012）『サービスイノベーションの理論と方法』生産性出版．
［7］前田勇（1995）『サービス新時代』日本能率協会マネジメントセンター．
［8］前田勇（1995）『観光とサービスの心理学 観光行動学序説』学文社．
［9］西山千明（1991）『新しい経済学：世界のための日本の普遍性』PHP 研究所．
［10］朴容寛（2003）『ネットワーク組織論』ミネルヴァ書房．
［11］佐々木茂・徳江順一郎（2009）「ホスピタリティ研究の潮流と今後の課題」『産業研究（高崎経済大学附属研究所紀要）』第 44 巻第 2 号，高崎経済大学．
［12］佐藤知恭（1995）『「顧客満足」を超えるマーケティング』日本経済新聞社．
［13］清水博（1999）『生命を捉えなおす：生きている状態とは何か』中央公論新社．
［14］清水滋（1968）『サービスの話』日本経済新聞社．
［15］高柳暁・飯野春樹編（1993）『新版経営学(2)』有斐閣．
［16］梅田修（1990）『英語の語源事典』大修館書店．
［17］鷲田清一（1999）『「聴く」ことの力：臨床哲学試論』TBS ブリタニカ．
［18］鷲田清一（2001）『弱さの力～ホスピタブルな光景～』講談社．
［19］山上徹（2012）『ホスピタリティ・ビジネスの人材育成』白桃書房．
［20］吉原敬典（1995）『共働の推進：新しいマネジメント・プロセス』(学)産能大学．
［21］吉原敬典（2000）「ホスピタリティ・マネジメントに関する実証的研究」『日本ホスピタリティ・マネジメント学会誌 HOSPITALITY』第 7 号，日本ホスピタリティ・マネジメント学会．
［22］吉原敬典（2001a）『「開放系」のマネジメント革新：相互成長を実現する思考法（第 4 版）』同文舘出版．
［23］吉原敬典（2001b）「ホスピタリティ・プロセスに関する一考察（Ⅰ）」『日本ホスピタリティ・マネジメント学会誌 HOSPITALITY』第 8 号，日本ホスピタリティ・マネジメント学会．
［24］吉原敬典（2001c）「ホスピタリティを具現化する人財に関する一考察」『長崎国際大学論叢』第 1 巻（創刊号），長崎国際大学研究センター．
［25］吉原敬典（2002）「ホスピタリティ・プロセスに関する一考察（Ⅱ）」『日本ホスピタリティ・マネジメント学会誌 HOSPITALITY』第 9 号，日本ホスピタリティ・マネジメント学会．

[26] 吉原敬典（2003）「ホスピタリティ・プロセスに関する一考察（Ⅲ）」『日本ホスピタリティ・マネジメント学会誌 HOSPITALITY』第 10 号，日本ホスピタリティ・マネジメント学会。
[27] 吉原敬典（2004）「ホスピタリティ・マネジメントの枠組みに関する研究（Ⅰ）」『日本ホスピタリティ・マネジメント学会誌 HOSPITALITY』第 11 号，日本ホスピタリティ・マネジメント学会。
[28] 吉原敬典（2005a）「ホスピタリティ・マネジメントの枠組みに関する研究（Ⅱ）」『日本ホスピタリティ・マネジメント学会誌 HOSPITALITY』第 12 号，日本ホスピタリティ・マネジメント学会。
[29] 吉原敬典（2005b）「幸福感を感じる無償の働きかけ～変革への起爆！！ホスピタリティ・マネジメントの登場～」熊本学園大学ホスピタリティ・マネジメント学科（企画編集）『ホスピタリティの時代』熊本日日新聞情報文化センター（制作発売）。
[30] 吉原敬典（2014）『ホスピタリティ・リーダーシップ（第 4 刷）』白桃書房。
[31] B. Brotherton, "Hospitality management research: Towards the future?", in B. Brotherton (Ed.), The Handbook of Contemporary Hospitality Management Research, John Wiley & Sons, 1999.
[32] J.-C. Delaunay & J. Gadrey, Services in Economic Thought : Three Centuries of Debate, Kluwer Academic Publishers, Boston, 1992. = J. C. ドゥロネ，J. ギャドレ著，渡邉雅男訳（2000）『サービス経済学説史』桜井書店。
[33] R. R. Faden & T. L. Beauchamp, A History and Theory of Informed Consent, Oxford University Press, 1986.
[34] K. Albrecht & Ron Zemke, "Service America !", Dow Jones -Irwin, 1985. = カール・アルブレヒト，ロン・ゼンゲ著，野田一夫監訳（1988）『サービスマネージメント革命』HBJ 出版局。
[35] Karl Albrecht, THE ONLY THING THAT MATTERS, HarperCollins, 1992. = カール・アルブレヒト著，和田正春訳（1993）『見えざる真実』日本能率協会マネジメントセンター。
[36] Keisuke Yoshihara and Kozo Takase, Correlation between doctor's belief on the patient's self-determination and medical outcomes in obtaining informed consent, Journal of Medical and Dental Sciences, 60(1), Tokyo Medical and Dental University, 2013.
[37] A. Morrison & K. O'Gorman, *Hospitality Studies: Liberating the Power of the Mind*, CAUTHE, Melbourne, 2006.
[38] René Schérer, Zeus Hospitalier, Armand Colin, Paris, 1993. = ルネ．シェレール著，安川慶治訳（1996）『歓待のユートピア』現代企画室。
[39] Tom Peters, "The Tom Peters Seminar", Vintage Books, 1994. = トム・ピーターズ著, 平野勇夫訳（1994）『トム・ピーターズの経営破壊』阪急コミュニケーションズ。

第Ⅰ部　理論編

［インターネット資料］
［1］塚本由美（2009）「個と組織の「ホスピタリティ」」『フォーラム事象・理論からの考察』株式会社富士ゼロックス総合教育研究所　www.fxli.co.jp/

第2章
ホスピタリティマネジメントの構造について

キーワード

活私利他，相互歓喜，ホスピタリティ価値

1. はじめに

　本章の目的は，ホスピタリティ概念によるマネジメント（以下，ホスピタリティマネジメントという）について，その基本原理を示すことである。基本原理は人間の認識や行為を支える法則であり，すべての行動の拠り所になるものである。もう1つの目的は，ホスピタリティマネジメントの全体構造を明らかにすることである。これらの目的に対して1つの解を導き出すことは，組織レベルにおいてはホスピタリティの具現化へ向け，また個人レベルにおいてはホスピタリティの実践を促すうえで価値があることである。

　これまで論じられてきたところのホスピタリティ産業に属する組織が行うマネジメントについて肯定しつつ，より広い領域で人間生活に欠かせないホスピタリティマネジメントについて論じるものである。ホスピタリティマネジメントは，3つの要素から成り立っている。第一は，人間が生きていくうえで欠かせない「礼儀」「節度」「態度」「物腰」「ルール・約束事の遵守」などで，土台として位置づけするものである。第二はその土台の上に位置し，経営の基本としてのサービス価値である。効率性の向上を旨とする「サービス価値」を安定的に継続的に提供できることがクレームやコンプレインの減少に繋がる。第三は，ホスピタリティ価値を共創することである。これからのグローバル経営の重点として位置づけるものである。

第Ⅰ部　理論編

2. ホスピタリティマネジメントの基本原理と全体構造について

　これからのマネジメントはどうあらねばならないのか。文献調査と事例研究によってその方向性を示すとともに，ホスピタリティマネジメントの基本原理と全体構造を明らかにするものである。

2.1　マネジメントの方向性

　サービスマネジメント論の分野で拡大解釈されている内容とは何か，について示す必要がある。それは，フィリップ・コトラー（Philip Kotler），トム・ピーターズ（Tom Peters），ロン・ゼンゲ（Ron Zemke），ジェームズ・オトゥール（James O'Toole）などの文献が考えられる。また，事例を挙げるとしたらどのような事例が考えられるであろうか。TERRAによるメニュー開発，ソニーAIBO誕生のストーリー，ベルテンポによる困っている人に焦点化するビジネスモデル，クラブツーリズムにおけるフレンドリースタッフの役割，東京ディズニーランドによるサービス価値の徹底などが挙げられよう。これらによって，これからのマネジメントの方向性を明らかにしたい。

(1)　**文献調査からわかったこと**

　最上のサービス，最高のサービス，感動のサービス，心のこもったサービスといった表現はどうなのか。サービス概念の原義にこだわることなく，広くサービスを無形財と捉えたときには可能であろう。しかしながら，これまでも見てきたようにサービスの概念のルーツやその後のサービスの意味を吟味した結果，理論的には無理な表現であるといわなくてはならない。その理由は，サービスはその原義から効率性の向上が目的であり，顧客に対して一方向的な理解に基づき提供される傾向があるからである。また，サービスはマニュアル化の指向でマネジメントすることが可能だからである。

　フィリップ・コトラー（Philip Kotler），トム・ピーターズ（Tom Peters）は，これからの経営においては対象顧客の「歓喜」の体験を重視している。合言葉は，「期待を超えて」「満足を超えて」である。また，ロン・ゼンゲ（Ron Zemke）は，

「ちょっとした心配り」と「さりげないちょっとした心配り」には違いがあり，後者については驚嘆や感嘆の感情が伴い，Dazzlementsと表現している[2]。

さらに，ジェームズ・オトゥール（James O'Toole）においては，彼の著書で「どんな関係の双方にとっても有益である。他者がそれ自身の正当な利益を手にできるように，他者を援助することにより，他者を通じて自己の利益を探している」[3]と主張した。今後のマネジメントの方向性を示唆しているといえる。まさにホスピタリティの視点を織り込んだ主張であるといわなくてはならない。

また，カール・アルブレヒト（Karl Albrecht）はサービス・スピリットについて次のように述べている。「顧客のニーズではなく，顧客という人間に注意を向け，そのニーズに対応するというより，その人間性そのものに対応することを目指す。他の人にサービスを自発的に提供し，自分の仕事に誇りを持つように導く人間や生活，労働に関する価値観や信念に基づいた態度」[4]としたのである。これは，第1章で述べたホスピタリティ人財に通じる内容であり，サービス概念では説明することができない。すでにホスピタリティの領域に踏み込んでいると判断できる内容を含んでいるものである。

(2) **事例研究**から見えること

以下の事例には，マネジメントを考えるヒントがいくつか隠されている。筆者は，これらの事例からホスピタリティマネジメントの可能性について探るものである。

① TERRAによるメニュー開発

アメリカ・カリフォルニア州。スタンフォード大学があるパロアルトという街から電車に乗ってナパバレーに向かう。ぶどう畑やワイナリーが多くあるところである。筆者が，最初に訪れたのは学生時代であった。そこに，TERRAという名前のカルフォルニアキュイジーヌ・レストランがある。ラテン語で大地という意味である。年4回，新たなメニューを開発し世界中の人々を楽しませている。店内の92席は，3か月先まで予約でいっぱいである。固定のメニューがある一方，新規に新たなメニューづくりをするところにゲ

ストからの支持を得ているヒントがある。メニュー開発には，周りの人達とのネットワークが欠かせない。また，パートナーとのコンフリクトを原動力とし，それらを乗り越えたところに成果を求めている事例である。オーナーシェフとレストランマネジャー，そして農家での苗づくりから有機農法による食材の栽培依頼と仕入れなど，ネットワークづくりが重要なファクターの1つである。

② ソニーAIBO誕生のストーリー

1999年6月1日午前9時にネットで予約販売したところ，20分後には3,000体のAIBO（自律型エンターテイメントロボット）が完売したのである。ソニーは創業時から他社がやらないことに挑んできた。しかし，1990年代には大企業病に陥り，多くの技術者たちが辞めていった経緯がある。AIBOについては，率直でオープンなプロジェクトチームが成し遂げたものであった。取締役会においては，おもちゃで儲かるはずがないといった反対意見が大勢であった。そのような中，当初から困難な問題がプロジェクトチームメンバーの行く手を阻んだ。人とコミュニケーションが取れるようにする，ロボットが生きていると感じられるようにする，分速2メートル歩行を分速7メートル歩行にする，喜び等の感情表現を可能にするなどである。このような個々の目標を達成すべく，実際に走っている犬を観察する中で，対角線の足を同時に動かし，着地のタイミングがわずかに異なる等の発見を糧にして分速7メートル歩行を達成した。プロジェクトのゴールに到達するエネルギーが凄まじいことを教えてくれる事例でもある。

③ ベルテンポによる困っている人に焦点化するビジネスモデル

大手旅行会社が目をつけない，つまり無視していることがある。身体に障害がある人々の多くが海外旅行を断念している状況を見て，海外旅行へ門戸を開いた事例である。すなわち，旅行のきっかけづくりをした事例である。ホテルの部屋やお風呂はバリアフリーにできているか，事前に現地に行って調べ，安心を届けようとする。海外旅行で喜ばせたい，日常的に介護している人にもしばしのリフレッシュタイムを提供したい，との思いを届ける。また，

ツアー旅行のように時間に追われない旅行，人と人が触れ合える旅行，日常と同様に家族が介護者になってしまわない旅行，足が不自由な高年齢者も楽しむことができる旅行などを掲げている。「私たちは旅を通じて，お客様の笑顔と元気を創造する旅行会社です」[5]を自らの存在意義と考え，高級ではなくとも上質な旅行をゲストと一緒に創造することを目標にしている事例である。大手旅行会社が扱うマス商品とは明らかに異なる視点を随所に組み込んでいる点はホスピタリティの実践であるといえる。

④ クラブツーリズムのフレンドリースタッフの役割

　顧客を個客と捉える事例である。顧客を個別的に捉える点で，ホスピタリティマネジメントへのヒントを提供している事例である。その点，上記③の事例と相通じるものがある。ゲストは何を目的に旅行するのだろうか。たとえば，陶器に興味があり，窯元を訪れたいと考えている人たちが集まって旅行プランを練るのである。すなわち，旅行する人のための旅行を実現するという発想である。最初から旅行代金をいくらにするのか，といった経済性の観点はない。どうしたら楽しくなるのか，皆で楽しむことができるのか，といった問いが基本にある。ブレーンストーミングで，いろいろなプランが出てくる。そこに，フレンドリースタッフが自らの旅行に関する知識や経験でバックアップする。言わば，触媒のような役割を果たすのである。旅行プランを個客であるゲストと一緒になって創り上げることは，大手旅行会社にはできない相談であろう。ゲストがフレンドリースタッフに依存すれば，自らにとって楽しい旅行はできない。ゲストとフレンドリースタッフが一緒になって旅行プランを共創している事例である。

⑤ 東京ディズニーランドによるサービス価値の徹底

　東京ディズニーリゾートを形成する東京ディズニーランドに関する事例である。2004年に倒産しその後再生したハウステンボスとの違いは何であろうか。それは，効率性や利便性といったサービス価値提供の徹底である。サービス価値は経営の基本であり，継続的に安定して実施される必要がある。そのため，クレームやコンプレインに繋がりやすいのである。東京ディズニーランドに

おいては閉園後，毎日，パーク内を水で洗い流し清掃する徹底ぶりは驚きである。このことがカストーディアルにバトンタッチされ，ゲストがパーク内において気持ちよく過ごすことができるのである。東京ディズニーランドの基本コンセプトは，「夢と魔法の王国」である。非日常の世界であり，「パークは永遠に完成しない」といわれている。まさに「毎日が初演」である。言わば，マネジメントの観点からすれば抽象的な世界だといえる。これをいかに具体的に実現していくのか。東京ディズニーランドは，SCSEでコンセプトの具現化を図っているのである。Safty, Courtesy, Show, Efficiencyであるが，当たり前のことを具体的に安定的に継続している事例である。[6]

2.2　ホスピタリティマネジメントの基本原理と人間観について

　組織が永続的に生存するためには，どう考えたらよいか。ここに依って立つところの基本原理が必要である。経営管理する経営者・管理者が持つべき原理とは何か。すなわち，経営管理者がホスピタリティ概念を用いたマネジメントを実行するうえでの基本となる原理とは何であろうか。

　ホスピタリティマネジメントの基本原理は，利害関係者（Stakeholder）である他者との信頼関係を構築し組織の永続的な存続可能性を高めるために，自己利益の最大化を図るのではなく，他者の利益を重視し，他者を受け容れ，他者が評価する価値を共創して他者との共存可能性を高める活動の遂行を求めている。この基本原理は，経験科学の研究対象としての要件を満たすべく，ホスピタリティが客観的な現象として外部の第三者によって観察可能であることも求めている。また，企業と顧客の関係だけではなく，企業と株主の関係，さらには上司と部下の関係についても適用可能である。

　自己利益の最大化を経営の目的とする場合には，新古典派経済学が前提とする「経済人仮説」に基づいているといえる。すなわち，短期利益を最大化するという仮定に支えられた「利益最大化モデル」によるものである。ホスピタリティマネジメントはこれまでの短期の自己利益最大化マネジメントとは異なり，まずは利害関係者を尊重し，受け容れ，ベネフィット（Benefit）を提供することを基本原理としている。言い換えれば，組織の自己利益以上に他者の利益を重視して，中長期的に共存可能性を高めようとする原理であ

る。したがって，結果的に自己利益を得る場合もあるし，またその逆もあり得るであろう。

　ホスピタリティマネジメントの目標は，従来からの新古典派経済学による経済人仮説を前提とした「自己利益最大化モデル」ではなく，利害関係者である他者の利益を重視したうえで，組織の存続可能な利益を維持することである。その点，ホスピタリティマネジメントは経済学を起点とする自己利益を最大化するという合理的な経済人仮説とは異なり，組織関係者間の相互繁栄の視点に立つものである。そして，ホスピタリティマネジメントは，利害関係者との共存可能性を探る活動である。

　一方，組織マネジメントにおける人間観についてはどうか。1つの学問的な成果として，上述した経済的人間観がある。組織に参加する人々は合理的で経済的な存在であり，働く動機は経済的報酬を得るためであるとする人間観である。テイラー（F.W.Taylor）による科学的管理法はこの考え方を適用して，標準生産量を定めそれを上回る場合は多くの給与を支払い，標準に達しない場合には給与を少なくする出来高給を採用したことで知られている。組織経営者は，人間が組織の中で機械の歯車のように働くことを期待していた。人間が金銭的報酬によって働くということは，簡単にある人を他の人と代替し得ることを意味するものである。

　このような内容をもつ経済的人間観とホスピタリティマネジメントはどのような関係にあるのであろうか。経済的な動機に基づく経済的人間観では，ホスピタリティマネジメントを行えないことは明白である。第1章で述べた通り，本書は「価値創造的人間観」を提起するものである。**図表1－5**にある自己の領域の背景には自己実現的人間観がある。また，親交の領域の背景には社会的人間観がある。では，達成の領域はどうか。組織が永続的に存続できるように適正利益を確保するという点においては経済的人間観が達成の領域の背景にあるといえよう。しかしながら，ホスピタリティマネジメントを推進する場合には経済的人間観では説明することはできない。なぜならば，ホスピタリティマネジメントは直接的に対価を要求しないからである。また，信頼関係や補完関係の構築を目的の1つにしているからである。ホスピタリティマネジメントは，第1章で述べた通り，価値創造的人間観に基づいたマ

ネジメントである。価値創造的人間観は，自己実現的人間観，社会的人間観，経済的人間観を合わせ持つ複合的な人間観であるといえるのである。

以上のことから，ホスピタリティマネジメントの基本原理は，顧客（消費者）をはじめとして，内部顧客である従業員，株主，仕入先，環境保護団体等の，利害関係者を含む他者の主観的な評価を最大化するとともに，自己の能力発揮を最大化するものである。自組織にとっての存続可能性を高めるために，いかに適正な利益を確保しつつ，他者との共存可能性を高めるのか。自組織にとっての存続可能な適正利益の基準について考えなくてはならない。また同時に，他者の利益を重視するためのマネジメントについてゼロベースでクリエイトしていかなくてはならない。これらは，ホスピタリティマネジメントの課題である。

2.3　ホスピタリティマネジメントの全体構造について

組織としての取り組みには，次の6つの視点が挙げられる。図表2－1[7]にある通り，第一は土台としての「礼儀」「節度」「態度」「物腰」「ルール・約束事の遵守」などがある。他者には失礼のない態度，不遜でない振る舞いが求められる。第二は，基本としてのサービス価値の提供であり，効率性の向上が目的である。第三には，これからの経営の重点としてホスピタリティ価値の創造と提供がある。そして第四には，経営の方向づけとしての「経営理念」「経営構想」「経営戦略」「経営計画」の立案と実行がある。また第五は，人的資源管理である。第六には，物的資源管理が位置づけられる。次節で取り上げるホスピタリティマネジメントの目的実現のために，これら6つの取り組みの集中投入を意図するものである。

本書の第5章と第8章では，ホスピタリティマネジメントの全体構造に基づいて事例研究している。本章では，特にホスピタリティ価値とサービス価値について取り上げることとする。

第2章　ホスピタリティマネジメントの構造について

図表2-1　ホスピタリティマネジメントの全体構造について

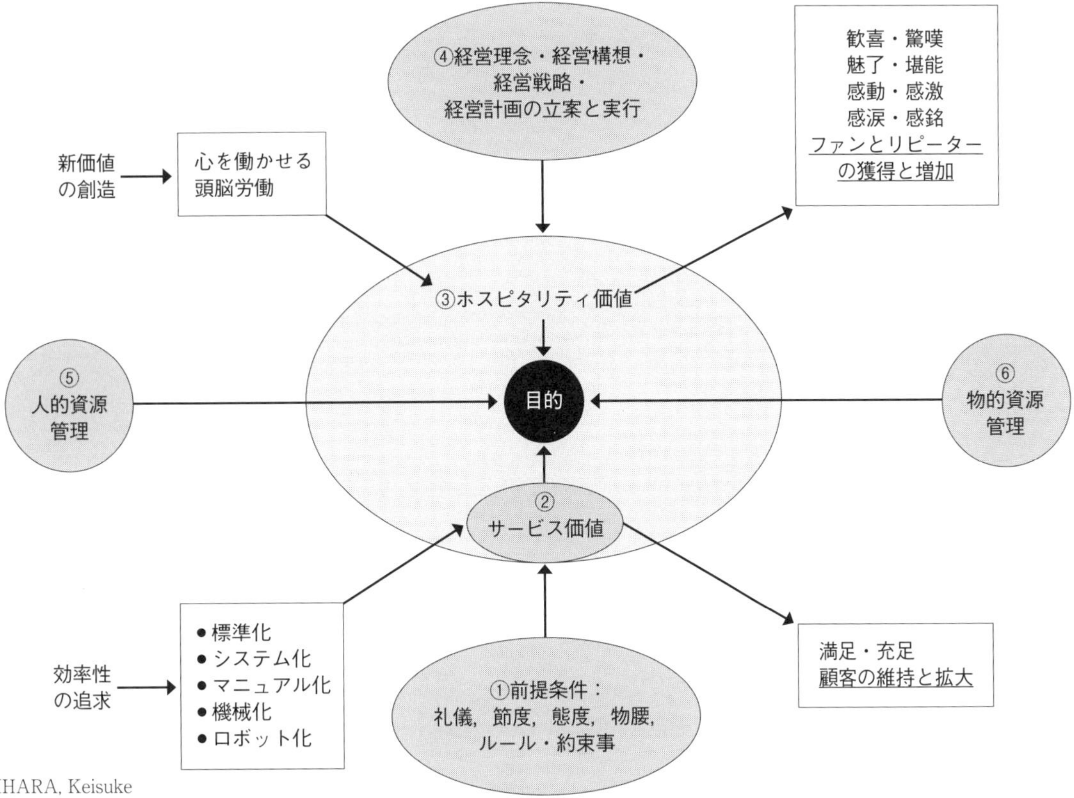

⑥物的資源管理

歓喜・驚嘆
魅了・堪能
感動・感激
感涙・感銘
ファンとリピーターの獲得と増加

満足・充足
顧客の維持と拡大

④経営理念・経営構想・経営戦略・経営計画の立案と実行

③ホスピタリティ価値

②サービス価値

①前提条件：
礼儀、節度、態度、物腰、ルール・約束事

目的

新価値の創造 ← 心を動かせる頭脳労働

効率性の追求
●標準化
●システム化
●マニュアル化
●機械化
●ロボット化

⑤人的資源管理

©YOSHIHARA, Keisuke

3. ホスピタリティマネジメントの目的と対象について

本節では，ホスピタリティマネジメントの目的は何か，また，ホスピタリティマネジメントの対象は何か，についてそれぞれ明らかにするものである。

3.1 ホスピタリティマネジメントの目的について

ホスピタリティマネジメントを行う目的は何か。ホスピタリティマネジメントはどのような価値を生み出そうとしているのか。あらためて問いを出してみることは意味があることである。第1章で論述してきたように，ホスピタリティ概念に基づいて行われるマネジメントは自律，交流，対等・パートナーを促し新たな価値を共創するマネジメントである。また，社会の発展に貢献するマネジメントである。等身大で顔が見えるマネジメントでもある。すなわち，互いの顔を見せ合うマネジメントであるといえよう。言い換えるならば，「自分のことはさておいてもゲストの役に立ちたい。ゲストの利益を最大化してゲストを喜ばせたい。そしてそのために自らの能力を最大限に発揮（最大化）するマネジメント」である[8]。

ホスピタリティマネジメントにおける上位の目的は，組織関係者が互いに成長し繁栄し共に幸福感を感じ合うことである。換言すれば，組織関係者の相互成長，相互繁栄，相互幸福であると表現できるであろう[9]。ホスピタリティは効率性の追求といった，言わば，わかりやすい目的とは異なり，人間一人ひとりを対象にしている。したがって，その目的や生み出す価値については均一的に解釈することはできない。これがホスピタリティという言葉の，実にわかりにくいところである。また同時に，気をつけたいところでもある。そして，面白いところでもある。このような混沌とした状況の中にあるホスピタリティについては，あえて明確に実践へ向けてのガイドラインを示すことがその具現化に寄与するであろう。

サービスは，本質的には代行機能の提供であり，その提供に対して対価が支払われることを基本的な仕組みとしてもつものである。すなわち，経済的動機に基づいて行われる経済的な活動として捉えることが可能である。したがって，標準化することが可能なのである。サービスの目的については組織

が継続的に維持されるに足るだけの適正な利益を確保することにある。その目的のために，売り上げを上げること，コストを削減することなどを基本的な目的にしている。

　一方，ホスピタリティマネジメントはどうであろうか。これまでの売り上げの増加や利益の向上を第一義的な目的とする経営とは大きく異なる。すなわち，目指す経営の「質」が異なるといえるのである。ホスピタリティマネジメントの目的は先述したホスピタリティの言語的な意味を根拠とすれば，組織関係者が互いに喜び合う，感動の場を創造し合う，感動を分かち合うといったことである。自己利益の最大化を図ることを目的にしてホスピタリティを唱え，その実践を主張しているとしたら，理論的には矛盾をきたすことになる。この点については，もともとのマーケティングの目的とは一線を画すものである。

　ホスピタリティマネジメントは自己利益の最大化を図るのではなく，他者の利益を重視する考え方に基づいて他者との共存可能性を探るマネジメントである。ならば，どのように考えればよいのであろうか。たとえば，当該ビジネスの目的は顧客が喜ぶこと，また感動することである。対象とする顧客の喜ぶ顔を見たい，顧客の喜びが私の喜びである，顧客と一緒に感動の場を創りたい，感動を分かち合いたい，感銘の瞬間に立ち会いたい，などの事例については自己の利益の最大化を図ることを目的にしているというよりは人間が生きていく目的そのものであると捉えることが可能である。したがって，筆者は「ホスピタリティは，人間が生きる価値を生み出す源泉である」と捉えるものである。

　いま一度，ホスピタリティマネジメントの目的は何であると捉えることができるであろうか。自律した人間が交流し互いに知恵を出し合うことで，「潤い」「安らぎ」「癒し」「憩い」「寛ぎ」「暖かみ」「温もり」「味わい」「優しさ」「和み」「深み」「高み」などの場づくりを行うことが可能である。これらの場づくりには，人間の心の働きと頭脳の働きが必要である。すなわち，意志をもって意欲的に取り組むことであり，人間が抱く思いが原動力である。具体的には，事業活動の視点である「製品・商品」「サービス（無形財）」「顧客」「市場」「ビジネスモデル」などの創造が求められているところである。

また，顧客に立脚し顧客が評価する価値を生み出し提供することである。この経験を通じて，創造の担い手一人ひとりが人間として，また職業人として成長することができるのである。なぜならば，ホスピタリティ概念による創造マネジメントは不確実性のマネジメントであり，新たに何が生み出されるのか，わからないからである。顧客を含めた組織関係者が出会い交流し合い，相乗効果を高めることは大いに楽しみなことに違いない。

3.2　ホスピタリティマネジメントの対象について

これまでホスピタリティはサービスの対置概念として捉えられてきた。しかし，ホスピタリティ概念を吟味することによって，あらためてホスピタリティマネジメントの対象が明らかになったのである。すなわち，対象は無形財としてのサービスにとどまらないということである。以下，述べることにしたい。

(1)　マネジメントの対象と人間主体の経営

ホスピタリティマネジメントの対象は，**図表2－2**にある通り，「製品・商品・モノ」「サービス」「人間」「物的資源，施設・設備」「環境（自然環境，動物，植物）」の5つである。さらには，形のないサービスと人間の両方に焦点化すれば，「観光」「娯楽・芸術・芸能」「生活全般」「まちづくり」「医療・介護」の5つの領域を設定可能である。これらは，事例研究する際には欠かせない視点であり領域である。

経営学はもともと理論と実践の分離を許さないところにその特性を見出すことができることから，事例研究が欠かせない。本章では，特にこれまで論述してきたサービスそのものの限界，また認識されている限界を可能性へ変換するために，ホスピタリティ概念の援用を求めるものである。そして，「人間」がすべてを創造する主体者であることについてはいうまでもないことである。

(2)　事業，業務，資源の関係について

別の視点からマネジメントの対象を捉えると，それは「事業」「業務」「資源」である（**図表2－3**）。事業は，製品・商品，無形財としてのサービス，市場，

図表2-2　ホスピタリティマネジメントの対象

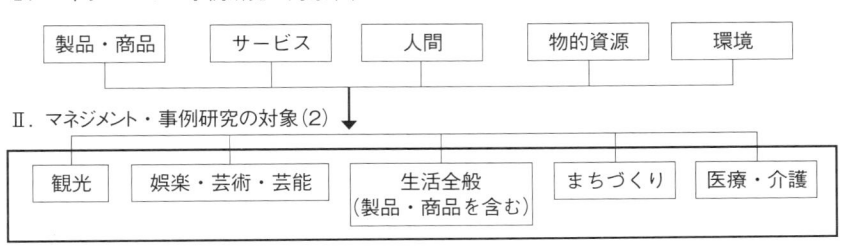

Ⅰ. マネジメント・事例研究の対象(1)

| 製品・商品 | サービス | 人間 | 物的資源 | 環境 |

Ⅱ. マネジメント・事例研究の対象(2)

| 観光 | 娯楽・芸術・芸能 | 生活全般（製品・商品を含む） | まちづくり | 医療・介護 |

©YOSHIHARA, Keisuke

顧客の視点を有している。3つのマネジメント対象の中でも事業は最も経営環境の変化を感知しなければならないところである。経営環境の変化に対して適応するだけではなく，経営環境へ積極的に働きかける環境創造型経営がますます求められている。これをどうホスピタリティ価値へ仕上げていくかが経営課題であり事業課題である。

　また，その事業を具体的に支えているのが業務である。したがって，事業と業務の適合性を高めるマネジメントが求められているといえる。業務については事業内容との関係でその機能の問い直しと見直しが迫られる。業務機能を再編成する中で，マネジメント上，可能性へ挑戦することが求められているのである。現在の障害を除去し業務を効率的に遂行するということは，組織関係者からの要求によって業務機能が決まり，また与えられた資源を最大限に活用することによって業務を的確に効率的に遂行するのである。これはマネジメント活動の基本に当たり，これを怠るとクレーム（Claim）やコンプレイント（Complaint）を増加させることとなる。顧客離れ現象を引き起こすばかりではなく，特徴のある活動にしていくことができなくなるのである。

　資源については，人的資源，物的資源，資金，情報，知識資産などがある。事業を再構築する中で，資源を調整する。すなわち，その都度，事業と資源の適合性を高めるマネジメントをしなければならない。また，事業に対して業務機能を再編成すれば，業務と資源の適合性が問題になる。ここにおいて

図表2-3　環境変化と経営体の関係

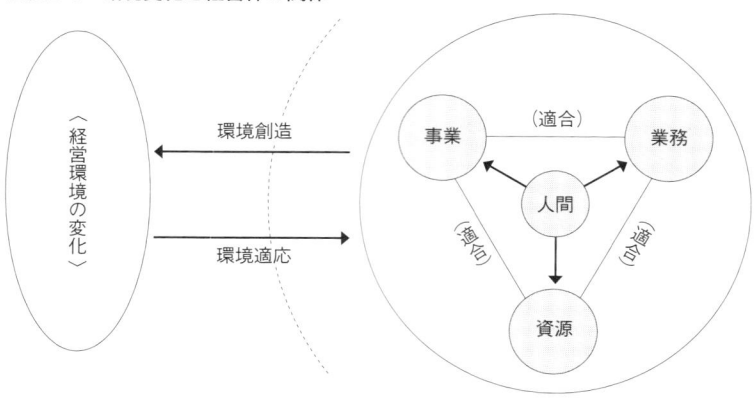

〈経営環境の変化〉 ← 環境創造 ― 環境適応 → 事業―業務―資源―人間（適合／適合／不適合）

も，マネジメントを機能させなければならないのである。

4. ホスピタリティ価値とサービス価値について

　本節では，**図表２−１**にある通り，経営上の"背骨"に当たるホスピタリティ価値とサービス価値について述べるものである。これまで経済学の影響を受けている現状からすると，ゲストにとってはこの二者の区別はなく，すべてをサービスと解釈しているかもしれない。そうであってもやむをえないところである。

　しかし，マネジメントを行う側に立つならば，サービス価値とホスピタリティ価値を峻別することは大いに役立つことである。サービス価値については，すでにサービスマネジメント論の中で存在している言葉である。一方，ホスピタリティ価値は顧客が評価する価値の視点から筆者が造語したものである。

　効率性を重視するサービス価値の視点からだけでは，直面する問題を解決するうえで困難となる場合が少なくない。たとえば，枕詞のように少子化といい，保育所の待機児童の問題が解決できないのはどうしてだろうか。子どもを産み育てる家族の方を向いていないからである。また同時に，高齢化社会の到来といいながら，特別養護老人ホームに入所できない現状が何年も続

いているのはどうしてであろうか。現状は，家族や高年齢者を対象にしたマネジメントになっていないからである。

4.1　経営の本質とは

　企業経営とホスピタリティとの関係性を明らかにすることは意義のあることである。そのうえで，ホスピタリティ概念を適用した場合，どのようなことがいえるのか。まずは第1章で述べたホスピタリティ人財が，「事業」「業務」「資源」のすべてを創り出すことは自明である。

　顧客が市場のイニシアティブを握っている「顧客主導の経営」が求められている時代にあっては，経営の目的は自己利益の最大化ではない。他者の利益を重視する利他主義の考え方に基づいて他者との共存可能性を高めることである。なおかつ，自らの能力発揮の最大化を図ることである。つまりは，顧客価値（Customer value）を共創して，それを最大化することにある。従来は，上記した顧客や市場の動向によって対象顧客のニーズを満たすことであると捉えられていた。顧客価値（Customer value）とは「顧客によって気付かれたサービスの体験の心理的結末」[10]であり，言わば，顧客の主観的な評価情報である。顧客価値は，**図表2－4**にあるように4つの段階がある[11]。

　基本価値（Basic value）は，「顧客に提供するに当たって基本として備えておかなければならない価値要因」[12]である。期待価値（Expected value）は，「顧客が選択するに当たって当然期待している価値要因」[13]である。また願望価値

図表2-4　顧客価値（Ⅰ）

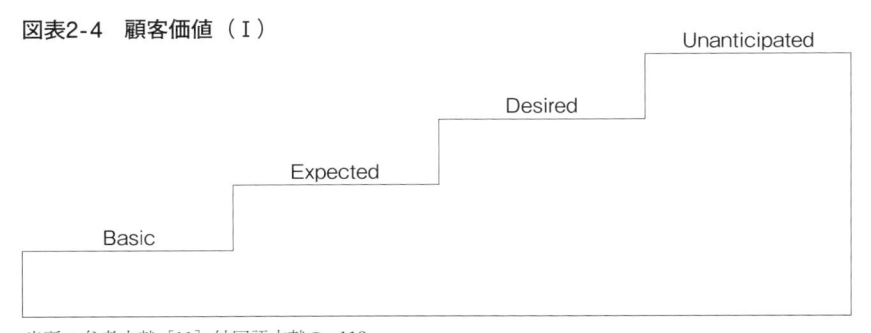

```
                                    ┌─── Unanticipated
                          ┌─── Desired
                ┌─── Expected
     ┌─── Basic
─────┘
```

出所：参考文献［11］外国語文献のp.113。

図表2-5　顧客価値（Ⅱ）

未知価値	ホスピタリティ価値
願望価値	
期待価値	サービス価値
基本価値	

©YOSHIHARA, Keisuke
出所：参考文献［8］95頁の図表6-1を再構成した。

（Desired value）については，「期待はしていないが潜在的に願望していて提供されれば評価する価値要因」のことである。そして，未知価値（Unanticipated value）は「期待や願望を超えてまったく考えたことのない感動や感銘や驚嘆を与え魅了する価値要因」である。特に未知価値と願望価値については競争優位の条件を築くうえで必須の価値要因である。ヤン・カールソンがいうように，モーメント・オブ・トゥルース（Moment of truth）の積み重ねが顧客によって評価されるのである。これが，顧客価値の実体である。

筆者は，**図表2-1**で示した通り，ホスピタリティマネジメントの目的実現のために，各取り組みの集中投入を意図するものである。中でも，**図表2-5**にあるように，ホスピタリティ価値とサービス価値を峻別した。すなわち，未知価値と願望価値についてはホスピタリティ価値と表現し明確に位置づけた。その理由は，サービスマネジメント論を牽引する一人であるカール・アルブレヒトは顧客価値についてはサービスであると解釈し，ホスピタリティについては言及していないからである。

また筆者は，基本価値と期待価値については，サービス価値であるとして明確に区別するものである。サービス価値は競合する組織がすでに行っている，あるいはタイムラグを伴って同様の内容で行うようになることが一般的である。これが，コモディティ（Commodity）化の実態である。したがって，サービス価値を提供することはホスピタリティ価値を創造する前提であるとしても，それだけでは競争優位の条件を築くことができないと考えるべきであろう。つまり，ゲストから継続的に支持されるとは考えにくいのである。

そして，双方の価値を組み合わせて創造し提供することがこれからのグロ

ーバル経営の目的である。ホスピタリティ価値を明確に位置づけることはサービス価値のレベルをさらに押し上げることになるであろう。生み出す価値から捉えると，市場で取引の対象になる活動・機能を提供しその対価を受け取るという意味でのビジネス全体の進化を促進するものである[19]。すなわち，今日のホスピタリティ価値は明日のサービス価値になるからである。ゲストは今日，提供されたホスピタリティ価値を明日以降も期待するようになるからである。その点，ホスピタリティ価値のサービス価値化が指向され，ホスピタリティ価値はますます進化することになるのである。働く組織メンバーは，このような状況の中，さらに能力発揮しなければ顧客の先を行くことができなくなるのである。

また，サービス価値の提供が不安定である場合には，ホスピタリティ価値を提供することはできなくなるであろう。なぜなら，クレームやコンプレインが多くなり，顧客は事業として存在することすらも望まなくなるからである。

上記した2つの価値を組み合わせて創造することは，個人にとっては職業人としての成長を促進し精神的にも豊かな生活を享受することができるであろう。さらには，組織は競争優位の条件を築き，多くの対象顧客と信頼関係を構築し支持を得て，さらなら発展をとげていくことが可能になるのである。

そして，ホスピタリティ価値とサービス価値の組み合わせについては，どのようであろうか。第一は，ホスピタリティ価値のみの場合が考えられる。未知価値を創造した場合である。第二は，ホスピタリティ価値とサービス価値が混在している場合である。すでに効率的に提供しているサービス価値を基本にして，願望価値を創造し提供している場合である。第三は，サービス価値のみで，一方的に提供される傾向が見受けられる。すなわち，基本価値と期待価値が提供されている場合が考えられる。

4.2　経営のエンジンとしてのホスピタリティ価値について

筆者は，フェイスブック（Facebook）を利用している。利用者としてアップデートのお知らせがあるたびに，バージョンアップを行うことができている。このことは利用者からすると，飽きがこないばかりか信頼感が生まれることになる。

ゲストの中に，「そこまでやるか」「こんなのあったらいいなあ」「おやっ，これまでと違うぞ」と思ったり感じたりしたという事実があれば，それはホスピタリティ価値である。先に挙げた「TERRAによるメニュー開発」と「ソニーAIBO誕生のストーリー」については，未知価値である。その特徴は，「予想外」「非日常」「オリジナリティ（Originality）」「オンリーワン（Only one）」などである。iPhoneやiPadは基本的には独創であるが，ゲストにとってまったく想像を超えているという意味では未知価値である。

　ホスピタリティ価値については，有形財である新製品・商品の企画・開発，無形財としての活動・機能，人的資源として把握される人間，施設・設備をはじめとした物的資源，動植物や自然を対象とする環境などが候補である。いずれの候補対象にしても，後述するサービス価値を超える必要がある。できれば，ゲストと一緒になって共創する場づくりが好ましいといえる。それは，このうえなく相互歓喜（Mutual delight）をシェアできるからである。ゲストが笑顔になるその瞬間が，ホストが元気になれる，幸せな気持ちになれる瞬間であるという話はよく聞くところである。

　ホスピタリティ価値は，双方向的，相互補完的，個別的にかかわるところに特徴があり，直接的には対価を要求しない信頼関係を形成することが目的である。また，ホスピタリティ価値はゲストが求める前に提供することが肝要である。それだけに満足を超えたところの歓喜，驚嘆，魅了，堪能，感動，感激，感涙，感銘が大きいからである。

　ますますゲストとの心理的な距離を縮め，あたかも一体化したごとくに，互いに双方の声を届け交わす関係へ変貌することになるであろう。未来創造のパートナーと表現してもよいだろう。たとえば，病院において患者の待ち時間の短縮が課題になって久しい。多くの患者は自らの求めを届けているにもかかわらず一向に実現しないため，あきらめているのである。また，我慢しているのである。そこに手を打つことは患者に願望価値を提供することになり，患者の支持を獲得することになるのである。また，先に挙げた「ベルテンポによる困っている人に焦点化するビジネスモデル」と「クラブツーリズムにおけるフレンドリースタッフの役割」に関する事例も願望価値の提供といえる。

第2章 ホスピタリティマネジメントの構造について

　ホスピタリティ価値を創造するには，何に留意すればよいのか。創造するということは，もともと先を見ると不確実である。また，即興を必要とする場合が少なくない。しかし，組織メンバーの心は高揚し取り組むのである。推進プロセスでは，関係者間にコンフリクトが生まれるであろう。それを乗り越えてゴールするのである。

　心を働かせ頭脳を駆使する創造的な活動を推進していくことはたやすいことではない。満足することなく高みを目指すからである。それには，意志の強さが必要である。人間は，一人ひとりでは能力や経験のどれをとっても限界多き存在である。その限界多き存在の人間が，「三人寄れば文殊の知恵」を実践するのである。これが，「ホスピタリティ価値」創造マネジメントの実態である。しかし，決して難しいことではない。日常，見落としているちょっとしたことかもしれない。たとえば，ある自転車販売店でお店に行けばすぐに空気を入れてくれるところがある。ゲストからすれば，確かにうれしい出来事に違いない。

　ホスピタリティマネジメントの目的は組織関係者の相互成長，相互繁栄，相互幸福であるが，活動するうえでの価値を何に見出し方向づけるのか。ここにマネジメントの本質がある。組織関係者が互いに心を合わせ，力を出し合って，一体感のある場を創造するためのマネジメントが求められているところである。この点については，第3章において円卓発想によるチーム運営について述べるものである。

4.3　ホスピタリティ価値を支えるサービス価値について

　サービス価値には無形財としてのサービスばかりではなく，有形財としての製品・商品を含んでいる。その理由は，形のないサービスの部分が大きいか小さいかによるからである。[20] 言い換えると，サービスの中に占める有形財としての製品・商品の割合が大きいか小さいかである。すべての人が形のないサービスを享受しているといえる。

　また，サービス価値は経営上，当たり前の世界でもある。すでに一般化されていて，ゲストにとっても当たり前になっている世界である。言わば，経営にとっては，「型」のようなものであるといってもいいだろう。その点，

ホスピタリティ価値とは異なり，マネジメント上の確実性は高い。そうであるだけに，安定的に継続的に提供可能な仕組みを作ることが肝要である。形のある製品・商品についても同様である。ゲストが確実に満足しなければ次のチャンスがないからである。先に挙げた東京ディズニーランドによるサービス価値の徹底などは1つの好例である。

　サービス価値を提供するには，自動化と無人化を目指して，ゲストの期待に対して業務機能を標準化，規格化，IT化，機械化，システム化，マニュアル化，ロボット化して，さらなる効率化を推進しなければならない。すなわち，安全に，より早く（速く），より安く，より正確に，より多くのもの・機能を提供し続けることである。

　そうすることで，働く人間は精神的な余裕を感知することができ，本来の創造的な活動に軸足を移すことができるのである。したがって，サービス価値は，ホスピタリティ価値の前提条件であるといえるのである。そして，経営の基本として位置づけることができるのである。しかし，当たり前のことができない経営も多く見受けられる。ゲストからすれば，がっかりする経営である。まずは基本価値と期待価値を具現化できるように，仕組みを整えなくてはならない。

　一方，サービス価値を提供する効率経営は，言わばゲストの一人ひとりが見えない，またゲスト一人ひとりの感情に共感できない経営でもある。一方向的，マニュアル的，機械的で，不特定多数の集団を対象とするところに特徴がある。その遂行は，形式的で義務的になる傾向が見受けられる。働く人の前にあるのは，対前年度比何パーセントアップといった数字である。組織メンバーをここにのみ閉じ込めて働かせている組織が何と多いことか。そうすることによって，早期の離職が相次ぐことになるのである。

　ゲストの「そこまでやるの」「こんなのあったらいいね」に応える経営にするためには，「期待を超えて」「サービス価値を超えて」「満足を超えて」の思考と行動が，これからの経営には欠かせない。すなわち，経営のエンジンとしてのホスピタリティ価値へ重点シフトすることである。

4.4　ホスピタリティマネジメントの定義

　図表２－１で明らかにしたホスピタリティマネジメントの全体構造に基づいて，人間とマシン（Machine）との関係について考えなくてはならない。

　製品・商品の価値・及びサービス活動・機能とその成果については，人間とマシンの分担が考えられる。また，心と頭脳の働きを伴う創造的な活動とその成果，及び礼儀，節度，態度，物腰とルール・約束事の遵守については，人間が自らの活動を表現し発揮するところである。

　人間とマシンの分担については，業務機能を標準化，規格化，IT化，システム化，マニュアル化，ロボット化による自動化と無人化を目指し，さらなる効率化を推進するものである。すなわち，「安全に，より早く（速く），より安く，より正確に，より多くのもの・機能」を安定的に継続的に具現化し提供するものである。そうすることで，人間は適性の問題はあるものの，本来の創造的な活動に軸足を移すことができるのである。

　その際には，広い意味での配慮も含めて，人間の特性である心と頭脳を駆使した創造的な活動に向かうことが可能になるといえる。また同時に，複数人による共同活動を推進し，より効率的で効果的なマネジメントを行うことで，共同創造（Co-Creation）することが可能になるのである。人間本来の特性，すなわち心を働かせ頭脳を駆使する活動についてはホスピタリティの領域に位置づけられるといえよう。

　たとえば，病院マネジメントにおけるインフォームド・コンセントについては医師の側からすると，患者に対してのサービス機能の提供プロセスの１つではあるが，サービス概念のみでは説明することはできない。それは，インフォームド・コンセントが経済的な動機に基づいて行われる経済的な行為ではないからである。また，患者が抱えている病気を治癒させることを目的にしているからである。さらには，効率性のみの発想に基づいて行われる行為ではないからである。また，どちらか一方の都合によって一方向的に行われる取り組みでもない。これらの理由が，インフォームド・コンセントがサービス概念のみに依拠していない根拠である。

　では，ホスピタリティ概念に依拠する価値についてその意味するところを見てみることにしよう。筆者は，**図表２－５**で表したように，上記した未知

価値と願望価値についてはホスピタリティ価値であるとして明確に位置づけた。また，未知価値と願望価値についてはゲストによって価値の質的な内容が異なることから，ゲストとの個別的な関係性と相互性が欠かせない。すなわち，ホストとゲストが相互関係を形成するプロセスは予定調和的な取り組みではなく，ダイナミックで有機的な創発を促すプロセスになるからである。さらには，ホスピタリティ価値を創造し提供することはゲストにとっては未知の経験に遭遇することで新たな感覚や感情を味わうことができるであろう。また同時に，組織やそこで働く人にとっては心を遣い頭脳を働かせることで能力の開発に繋がるものである。特徴ある組織にしていくための1つの視点であるといえる。

筆者はホスピタリティマネジメントについては，「ホスピタリティ価値とサービス価値を組み合わせ創造して，組織関係者が互いに成長し繁栄し共に幸福感を感じ合うことが可能になるための手段であり，効果性と効率性を旨として，目指す構想を描き課題・目標を組み立てるとともに，広く組織内外の関係者との相互連携と相互交流を働きかけ経営資源を調達・活用して関係者を方向づけ，一体感の中で相互作用を促進しプラスの相乗効果を生み出す取り組みである」と定義した[21]。

この定義からいえることは，次の2点である。第一は組織外部にあってはマネジメント上，顧客，外部組織，専門家等の間でネットワークを形成することが重要課題だということである。そのためには組織内における関係者間の一体感を醸成するだけにとどまらず，組織外部に存在する関係者との一体感にも意を用いることがこれからのマネジメントを推進していくうえで肝要なことである。特に顧客をはじめとした外部関係者との信頼関係を形成するという方向性については，極めて重要な視点である。言い換えるならば，信頼をキーワードにした関係形成のマネジメントが求められているといえるのである[22]。

第二は組織内部の視点からマネジメント上，関係者が共に情報を提供し合い共有して自らが考え判断し行動できる人財を育成することが課題である。そのためには，今から先を見て構想を描く能力の発揮が必要であるが，その能力発揮を求心力にしていくことがリーダーシップの要件であるとともに，

ホスピタリティ価値を生み出すうえで有効である。それは，人間がもっている「思い」であり「志」といえるものである。カール・アルブレヒトが「打つ手があるとすれば，人々がやる気を向ける何かを創り出す，つまりビジョンを描くことである。意義がなければ，モチベーションは生まれないのである。リーダーの役割は，まずこの意義を用意することである」[23]と述べているように，関係者のモチベーションを高めるマネジメント能力が重視されているところである。関係者が目的実現へ向かって互いに力を出し合い，互いの「心」と「力」を合わせるマネジメントが求められているといえるのである。

ホスピタリティマネジメントの定義については，その本質をよりわかりやすくするために次のように簡潔に表現することにしたい。

ホスピタリティ価値の創造と提供を主な目的として，組織関係者を方向づけ，一体感を醸成して，プラスの相乗効果を生み出す活動である。

---

5. マネジメントの枠組みについて

上記したホスピタリティマネジメントの定義に依拠しつつ，「ホスピタリティ価値」と「サービス価値」を組み合わせて生み出すためにはどのようなマネジメントの枠組みを設計しなければならないのであろうか。本節ではマネジメントの種類や課題・目標の種類について顧客価値との関連で論述していくものである。

5.1 マネジメントの種類と課題・目標の種類

筆者はホスピタリティ価値の創造については，P. F. ドラッカーがいうところの顧客の創造に直結しているものと考える。[24]働く人にとっては，常に新しい企画が期待され，「心を働かせる頭脳労働[25]」へ重点シフトしているといえる。つまり，「心」と「頭脳」を併せ持って機能する労働への転換が求め

図表2-6　ホスピタリティマネジメントの枠組み

項目 位置づけ	顧客価値（Ⅰ）	顧客価値（Ⅱ）	マネジメントの種類	課題・目標の種類
重点	未知価値	ホスピタリティ価値	機会の開発	事業の再構築
	願望価値		可能性への挑戦	現状変革
基本	期待価値	サービス価値	業務の有効化	現状改善
	基本価値			
土台	前提条件	礼儀，節度，態度，物腰，ルール・約束事の遵守		

©YOSHIHARA, Keisuke
出所：参考文献［7］の25頁の表1を再構成した。

られているのである。効果性と効率性を主眼とし，手段として機能するマネジメントの視点からホスピタリティ価値の創造マネジメントについてはどのように位置づけることができるのであろうか。

　マネジメントは，先述したようにダイナミックに変化する経営環境に対して「事業」「業務」「資源」の3つの経営要素が常に適合するように何とかすることである。この観点からすると，**図表2－6**にある通り，主として事業に軸足をおく「機会の開発マネジメント」であると位置づけることができるであろう。また，業務に軸足をおく「可能性への挑戦マネジメント」として類別することができるのである。前者については，事業の再構築課題を設定することが求められる。また後者のマネジメント課題については，事業を支える業務に軸足をおく現状変革課題として設定することが可能である。因みに，機会の開発マネジメントは未知価値の創造を行い，可能性への挑戦マネジメントについては願望価値を創造する。

　そして，基本価値と期待価値については業務機能を有効に機能させるという意味で「業務の有効化マネジメント」として位置づけるものである。したがって，現状改善課題を設定し解決することが求められているのである[26]。これを怠ると，クレームやコンプレインのため顧客離れ現象を引き起こすことになりかねない。

　上記したところのマネジメント活動を通じて，組織を継続的に発展させていくことが可能であると同時に，個人は職業人として成長していくことが可能である。組織も個人も現状に焦点化してできるところから行おうとする発想パターンであれば，競争優位の条件を築くことができないばかりか，自ら

第2章　ホスピタリティマネジメントの構造について

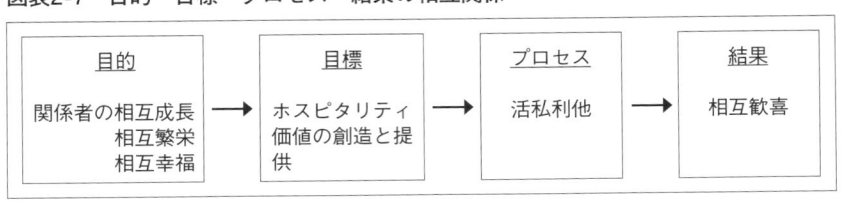

図表2-7　目的・目標・プロセス・結果の相互関係

目的	→	目標	→	プロセス	→	結果
関係者の相互成長 相互繁栄 相互幸福		ホスピタリティ価値の創造と提供		活私利他		相互歓喜

©YOSHIHARA, Keisuke

の存在価値を低下させる結果になるのである。

5.2　目的と目標とプロセス・結果の相互関係

　ホスピタリティマネジメントの目的は、**図表2-1**で見てきたように組織関係者の相互成長、相互繁栄、相互幸福である。すなわち、「Happy・Happy」の関係を築くものである。では、そのために行動レベルでどのように方向づけるのか。目標はサービス価値を基本にしつつ、ホスピタリティ価値に重点シフトすることである。そのためには、「活私利他」の考え方が必要である。また、活私利他はプロセスの中で随所に観察されることが望ましい。すなわち、自分のことはさておいてもゲストを喜ばせるために自らの能力発揮を最大化するための具体的な行動が発現されるのである。そうして、結果として相互歓喜といった感情が互いに認められたときにホスピタリティマネジメントがうまく機能し成功したといえるのである。あえて図にすると、**図表2-7**の通りである。目標、プロセス、結果については、それぞれ相互乗り入れの関係にあるだろう。影響力を行使したい相手が誰かによって、使い分けが可能である。たとえば、活私利他については、目標にも結果にもなり得るのである。場合によっては、相互歓喜についても同様である。

(1)　活私利他について

　ところで、活私利他という四文字熟語はない。筆者の造語である。筆者はこれまでホスピタリティを和言葉一語では表現できないとのスタンスに立っていた。しかし、「見返りを求めない」という表現は間違いではないが、公

言することかと考えた結果，新たに造語するにいたったものである。活私利他とは，「自分のことはさておいても，ゲストの利益を重視し喜ばせたいとの思いから，自らの能力を最大限に発揮すること（最大化すること）」と意味づけた。第8章で事例研究する介護については，要介護利用者の自立・自律を支援して利用者に喜んでいただくために，介護者は自らの専門的な知識や技術を最大限に発揮することで，活私利他を実現するものである。この活私利他は，ホスピタリティマネジメントの目的である関係者の相互成長，相互繁栄，相互幸福に通じるものである。

(2) 相互歓喜について

また，相互歓喜は提供者（Giver）と享受者（Taker）双方の心理的な結末・感情を表現したものである。すなわち，期待や満足を超えたところで「ホスピタリティ価値」を共創・共有したときの，双方の感情を表現したのである。相互歓喜とは，「ホストが心を働かせる頭脳労働を活性化し，ゲストに感動や感銘の場を提供することで，ゲストが期待や満足を超えて潜在的に願望している価値，また思わぬ価値（未知価値）を認知し共有して，ゲストとホストの双方が喜び合うこと」である。

6. ホスピタリティマネジメントの特徴について

ホスピタリティマネジメントの目的は関係者の相互成長，相互繁栄，相互幸福であるが，マネジメント活動するうえでの価値を何に見出し方向づけるのか。ここにマネジメントの本質がある。組織関係者が互いに心を合わせ，力を出し合って，一体感のある場を創造するためのマネジメントが求められているところである。

人間は，本質的には創造的な存在である。働く目的は何か，またそれを何に求めるのか。業務活動でいえば，非定型で創造的な要素を含んでいる仕事の中にこそ人間本来の活動の姿がある。すなわち，本来的には一人ひとりの人間は組織外部に対して開いた存在であることが重要であろう。それは，人間の多様性を引き出し生かすからである。ホスピタリティマネジメントを俯

瞰すれば，その特徴は下記の3点である。

---

① **イノベーションの促進**
　経営の土台と基本（**図表2-6**）を前提にして，事業を「ホスピタリティ価値」中心に捉え直し，イノベーションを促進するマネジメントである。

② **知識創造の推進**
　価値創造を目指して組織内外の関係者をネットワーク化し，人が人に寄り添い伴走して「情報創造」「知識創造」を推進するマネジメントである。

③ **新しい事業モデル・業務機能への重点シフト**
　働く人が「心を働かせる頭脳労働」を活性化して，新しい事業モデル・業務機能へ重点シフトするマネジメントである。

---

7. おわりに

　本章では，ホスピタリティマネジメントの基本原理と全体構造について明らかにしたところである。また，ホスピタリティ価値とサービス価値を明確に峻別して位置づけたうえで，ホスピタリティを具現化するという視点からマネジメントの種類とマネジメント課題・目標についても類別した。ホスピタリティマネジメント対象に対して，これらの課題・目標を達成するマネジメントを行い，ホスピタリティマネジメントの目的である組織関係者の相互成長・相互繁栄・相互幸福がもたらされることを論述してきたところである。そして，ホスピタリティマネジメントの定義についても明らかにした。
　では，ホスピタリティマネジメントを実践するためには何をどのようにしたらよいのか。第3章で述べることにしよう。

[注]

1) 参考文献［14］［17］［20］を参照。
2) 参考文献［13］外国語文献の p.353 を参照。
3) 参考文献［9］を参照。
4) 参考文献［11］外国語文献の p.88 を引用し適用した。サービス・スピリットとして定義している。
5) インターネット資料［1］を参照。
6) 参考文献［19］を参照。
7) 参考文献［7］を参照。筆者が，2008 年 12 月 5 日に立教大学・巣鴨信用金庫共催の 2008 年度産学官連携公開セミナー「としま公開ビジネス講座」において発表したものである。講演テーマは,『ホスピタリティを実践する人材の育成について』であった。
8) 「活私利他」のマネジメントと表現する。筆者による造語である。日本語で「かっしりた」と読む。活私利他は，目標にも結果にもなり得る。また，マネジメントプロセスの中で具現化されなければまったく意味をなさないといえる。
9) 参考文献［1］を参照。
10) 参考文献［11］外国語文献の pp.112-115 を引用し適用した。
11) 同上。
12) 同上。傍点は筆者による。
13) 同上。
14) 同上。傍点は筆者による。
15) 同上。傍点は筆者による。
16) 参考文献［10］外国語文献の p.5，p.74，［13］外国語文献 p.27，［18］p.9 を参照。
17) 参考文献［11］外国語文献の p.88 を参照。
18) サービス価値は，顧客が支払った総コストと顧客が獲得した品質の比較によって決定される。参考文献［11］外国語文献の pp.128-129 を参照。
19) 参考文献［5］の 151 頁を参照。
20) 参考文献［13］外国語文献の p.4 を参照。
21) 参考文献［5］の 151 頁，ならびに参考文献［8］の 96 頁を参照。
22) 参考文献［2］［4］を参照。
23) 参考文献［12］日本語文献の 163 頁を引用し適用した。傍点は筆者による。
24) 参考文献［16］日本語文献の 42-51 頁を参照。
25) 筆者による造語である。参考文献［5］の 152 頁参照。「心を働かせる頭脳労働」は，ホスピタリティを具現化する人財，及び価値創造人のコア概念である。サービスについては業務を標準化しシステム化し，具体的にはマニュアル化して本来の人間活動の特性とは程遠い状態を維持し継続することによって，「心」と「頭脳」を麻痺させる事態を発生させる。また，人間は飽きやすい存在であることについてもモチベーションマネジメントの視点から検討を加える必要がある。
26) 参考文献［3］の 59 頁の注（4）を参照。

第2章 ホスピタリティマネジメントの構造について

［参考文献］
［1］ダイヤモンド・ハーバード・ビジネス・レビュー編集部編（2012年5月）『幸福の戦略』ダイヤモンド社．
［2］吉原敬典（2000）「ホスピタリティ・マネジメントに関する実証的研究」『日本ホスピタリティ・マネジメント学会誌 HOSPITALITY』第7号，日本ホスピタリティ・マネジメント学会．
［3］吉原敬典（2001）『「開放系」のマネジメント革新：相互成長を実現する思考法（第4版）』同文舘出版．
［4］吉原敬典（2003）「ホスピタリティ・プロセスに関する一考察（Ⅲ）」『日本ホスピタリティ・マネジメント学会誌 HOSPITALITY』第10号，日本ホスピタリティ・マネジメント学会．
［5］吉原敬典（2004）「ホスピタリティ・マネジメントの枠組みに関する研究（Ⅰ）」『日本ホスピタリティ・マネジメント学会誌 HOSPITALITY』第11号，日本ホスピタリティ・マネジメント学会．
［6］吉原敬典（2005）「ホスピタリティ・マネジメントの枠組みに関する研究（Ⅱ）」『日本ホスピタリティ・マネジメント学会誌 HOSPITALITY』第12号，日本ホスピタリティ・マネジメント学会．
［7］吉原敬典（2012）「ホスピタリティマネジメントの構造に関する一考察」『目白大学経営学研究』第10号，目白大学．
［8］吉原敬典（2014）『ホスピタリティ・リーダーシップ（第4刷）』白桃書房．
［9］James O'Toole, Vanguard Management, 1985.
［10］Jan Carlzon, "Moment of Truth", Ballinger, 1987. = ヤン・カールソン著，堤槙二訳（1990）『真実の瞬間』ダイヤモンド社．
［11］Karl Albrecht, "THE ONLY THING THAT MATTERS", HarperCollins, 1992. = カール・アルブレヒト著，和田正春訳（1993）『見えざる真実』日本能率協会マネジメントセンター．
［12］Karl Albrecht, THE POWER OF MINDS AT WORK, AMACOM, a division of the American Management Association, International, New York, 2003. = カール・アルブレヒト著，有賀裕子・秋葉洋子訳（2003）『なぜ，賢い人が集まると愚かな組織ができるのか：組織の知性を高める7つの条件』ダイヤモンド社．
［13］K. Albrecht & Ron Zemke, "Service America!", Dow Jones-Irwin, 1985. = カール・アルブレヒト，ロン・ゼンゲ著，野田一夫監訳（1988）『サービスマネージメント革命』HBJ出版局．
［14］Kristin Anderson & Ron Zemke, Delivering Knock Your Socks Off Service, AMACOM., 1991. = クリスティン・アンダーソン，ロン・ゼンゲ著，佐藤知恭・佐藤美雅訳（1993）『固定客を獲得するサービス－顧客をアッといわせる31の秘訣』HBJ出版局．
［15］P. Lovelock and L. Wright, *Principles of Service Marketing and Management*, Prentice-Hall, 1999. = ラブロック，ライト著，小宮路雅博監訳，高畑泰・藤井大拙

訳（2002）『サービス・マーケティング原理』白桃書房。
［16］Peter F. Drucker, THE PRACTICE OF MANEGEMENT, Harper & Brothers Publishers, New York, 1954. ＝ P. F. ドラッカー著，野田一夫監訳，現代経営研究会訳（1987）『現代の経営（上）』ダイヤモンド社。
［17］Philip Kotler & Gary Armstrong, "Principles of Marketing", 6th ed., 1994.
［18］Richard Normann, "Service Management", 1st ed., 1984.
［19］Tom Connellan, INSIDE THE MAGIC KINGDOM, Bard Press c/o Lynne Rabinoff Associates, 1996. ＝ トム・コネラン著，仁平和夫訳（1997）『ディズニー7つの法則』日経BP社
［20］Tom Peters, "The Tom Peters Seminar", Vintage Books, 1994. ＝ トム・ピーターズ著，平野勇夫訳（1994）『トム・ピーターズの経営破壊』阪急コミュニケーションズ。

［インターネット資料］
［1］ベルテンポ・トラベル・アンドコンサルタンツ　www.beltempo.jp

第 **3** 章

応用的ホスピタリティマネジメントの実践

　キーワード

質の経営，円卓発想，権限付与

1. はじめに

　第1章では，おもてなし，またサービスという言葉について吟味した。また，ホスピタリティ概念のルーツから属性分析を試みたところである。その結果，ゲストの主観的な評価情報に出会い，先手々々で有効な手を打っていくためにはホスピタリティ概念の理解だけではおぼつかないことがわかった。そこで，第2章ではホスピタリティ概念によるマネジメント（以下，ホスピタリティマネジメントという）について，その方向性，基本原理，全体構造，目的，対象，顧客価値，定義，枠組み，目標，プロセス，結果，特徴についてそれぞれ論じてきたところである。

　ホスピタリティマネジメントについての解釈は，次の2つである。1つは，ホスピタリティ産業に属する組織が行うマネジメントという解釈である。もう1つは，ホスピタリティ概念を用いたマネジメントという意味がある。本書は，前者を肯定しつつも，ホスピタリティ概念そのものを活用したマネジメントを重視する後者の立場に立っている。すなわち，『ホスピタリティ概念によるマネジメント』の観点からアプローチするものである。

　本章の目的は，ホスピタリティマネジメントをどう実現していくのか，について円卓発想[1]と権限付与[2]に焦点化して明らかにすることである。言わば，応用編である。私たちは，自らがホスピタリティ概念について学習しつつ，その具現化（Manifest）について考えなければならない。ホスピタリティ概

念に関する共通理解を促し，ホスピタリティマネジメントの目的実現へ近づくことが期待される成果である。世界へ向けて日本発のホスピタリティマネジメントを発信できればと考えるものである。

　ホスピタリティについては，人間が活動するあらゆる領域に適用可能な概念であり人間生活の向上に貢献できることから，ホスピタリティマネジメント理論の体系化を進めるとともに，多くの事例研究を行いホスピタリティマネジメント理論へフィードバックする時期に来ているといえる。

2. 質の経営へ転換

　組織サイドに立つ品質経営だけでは経営を継続できなくなった。組織外部にいる顧客に視点を移し変える経営へ転換することが市場からの要請である。本節では，そのための視点をいくつか取り上げる。

2.1　ゲストの主観的な評価を最大化する経営

　外部顧客であるゲストとの関係は双方的，相互補完的，個別的，具体的に変わっていかざるをえない。現在，一部を除いてかつてのように胸をときめかして購入したいと思うモノがなくなりつつあるからである。モノ飽和の状態なのである。まさに組織が顧客に選ばれる状況である。また，市場や顧客においても，人間主体で「あたたかみ」や「しなやかさ」などの価値を求めているといえる。

　顧客一人ひとりの利益を重視して主観的な評価を最大化する経営が求められているのである。顧客が評価する価値を最大化する経営，また同時に働く人の能力発揮を最大化する経営を目指すところにいたっているといえよう。では，顧客が評価する価値を最大化するための視点は何か。次の23の視点がある[3]。マネジメントの担い手としては，ここからホスピタリティ価値とサービス価値を峻別して，それぞれ創造することが求められているのである。

> ① 形ある製品・商品［1視点］，
> ② 無形財としての活動・機能［1視点］
> ③ 金銭的要因・価格・支払う金額［1視点］
> ④ 人間価値を含む働きかけ，（接客）態度，精神，気遣い・心配り，アイディア，人間関係力［6視点］
> ⑤ 専門知識・技術，印象（真実の瞬間），五感・センス，組織イメージ，インプレッション（Impression），レピュテーション（Reputation）［6視点］
> ⑥ 情報，手続き，組織，場所，施設・設備，環境［6視点］
> ⑦ 経営理念，経営活動［2視点］
>
> 　　　　　　　　　　　　　　　　　　　　　　　　　　計［23視点］

　しかし，1つ問題にしなければならないことは，カール・アルブレヒトが上記した無形財としての活動・機能，アイディア，インプレッション，レピュテーション，形ある製品・商品，経営理念，経営活動，またホスピタリティをサービス概念に包含したことである。第1章で述べた通り，ホスピタリティとサービスはまったく異質であるにもかかわらず，ホスピタリティをサービス概念に組み入れたのである。まさに，サービス概念の拡大解釈であるといわなくてはならない。

　上記した①から⑦までの視点ではゲストが実際に経験する価値であり，ゲストが実際に支払うコストとの関係が重要である。ゲストが支払うコストには，支払った金額，時間，心理的エネルギー（精神的負担を含む）が含まれている。では，ゲストが実際に手にする利益はどのように考えればよいのだろうか。上記①から⑦までの「実際にゲストが経験した評価価値」と「ゲストが支払ったコスト」を比較して決まる。経営は，いかにゲストが実際に評価する価値を最大化するかにかかっている。また，いかにゲストが支払うコストを軽減するかに課題があるといえよう。

　それには，ゲストをマス（Mass）で捉える習慣から脱して，ゲストと個別的に出会い，直接的に具体的に交流して主観的な評価情報を集める経営に

変えなくてはならない。エドワード・エテギー（Edouard Ettedgui）・現マンダリンオリエンタルホテルグループ最高経営責任者は，「我々のホテルは非常に高価だ。しかし，高価かどうかではなく，価格に見合う価値があるかどうかだ」と述べている。

ゲストは，何に基づいて１つ１つの経験の積み重ねによりどのような評価を下すのか。カール・アルブレヒトは，特に次の７つの評価要因を挙げている。顧客は，真実の瞬間（Moment of Truth）の積み重ねによって評価しているのである。

---

① 施設や設備に関する環境要因
② 何を見て何を聞くか，五感に関する感覚的要因
③ 接客態度等の人間要因
④ 訪問から購入にいたるまでの手続き要因
⑤ 顧客として得られる情報要因
⑥ 何を提供されるのか，についての提供物要因
⑦ リーズナブル（Reasonable）かどうかの価格要因

2.2 心を働かせる頭脳労働による創造マネジメント

ホスピタリティ価値を創造するということは，内部顧客である組織メンバーは「心を働かせる頭脳労働」を必要とし，１つの結果を手にするまでの間，不確実な状況に直面することになる。しかし，心理状態は人間本来の特性である創造的な活動であるため高揚しているといえる。不確実性をマネジメントするためには，どのようにしたらよいのか。それ相応のガイドラインが必要であろう。**図表３－１**は，第２章の**図表２－６**で述べた内容をより詳しく表現したものである。

第２章で明らかにしたホスピタリティマネジメントの定義に依拠しつつ，ホスピタリティ価値とサービス価値を組み合わせて生み出すためにはどのようなマネジメントの枠組みを設計しなければならないのであろうか。３つの視点が考えられるであろう。第一は，マネジメント課題の設定である。第二

は，組織内外における人的ネットワークの形成とその継続的なマネジメントの推進が挙げられる。第三には，コミュニケーション体系の設計である。本章では第一のマネジメント課題の設定について生み出す価値との関連で述べる。前述したホスピタリティ価値の創造については，働く人にとっては常に新しい企画が期待され，「心を働かせる頭脳労働」へ重点シフトしなければならないことを意味するものである。つまり，「心」と「頭脳」を合わせ持

図表3-1　これからのマネジメントの活動について

	サービス価値	ホスピタリティ価値	
マネジメントの内容	業務の有効化マネジメント 基本価値と期待価値を創造し提供することが活動の中心	可能性への挑戦マネジメント 願望価値を創造し提供することが活動の中心	機会の開発マネジメント 未知価値を創造し提供することが活動の中心
マネジメントの対象	※業務 　人の活動（人）	※業務 　資源全般 　（事業を視野に入れて）	※事業 　業務 　資源全般
課題・目標の種類	主として 現状改善課題・目標 現在の障害を除去し，効率的に仕事を進められるようにする上での課題・目標 1) 業務機能を改善する。 2) 的確性を高める。 3) 効率性を高める。利便性を高める。	主として 現状変革課題・目標 視点を変えることで，あらゆる業務遂行上の可能性に挑戦し，効果的に成果を高めていく上での課題・目標 1) 競争優位の状態を創出する。(可能性への挑戦) 2) マンネリ化を打破する。(可能性への挑戦)	主として 事業の再構築課題・目標 事業の方向性を問い直し，未来状況を作り出していく上での課題・目標 1) 事業（商品・無形財・市場）を開発する。 2) 顧客を開拓する。 3) 資源を強化する。
マネジメントの主体	初心・初級層／中堅層	指導層	経営層

©YOSHIHARA, Keisuke
注：上記マネジメントの対象における※の部分については，マネジメント活動の主たる対象である。

第Ⅰ部　理論編

って機能する労働への転換が求められているのである。

　効果性と効率性を主眼とし手段として機能するマネジメントの視点からすると，ホスピタリティ価値の創造マネジメントについてはどのように位置づけることができるのであろうか。マネジメントは，ダイナミックに変化する経営環境に対して「事業」「業務」「資源」の3つの要素が常に適合するように何とかすることである。

　図表3－1にあるように，主として事業に軸足をおく「機会の開発マネジメント」であると位置づけることができるであろう。機会の開発マネジメントについては，社会・人間生活の質的変化を先取りして，事業基盤を充実させるとともに新たな事業機会を開発するために，「事業」「業務」「資源」等のマネジメント対象を問い直し組み替えることが活動の中心である。また，「可能性への挑戦マネジメント」として類別することができるものである。これについては，事業を視野に入れ業務に焦点を当てて，既存の業務機能を再編成するという観点から取り組む必要がある。また自部門の部分最適化を図るだけではなく，他部門を横断的にみて全体最適に向かう必要のあるマネジメントステージ（Management stage）である。事業との関係で「獲得すべき成果とは何か」に焦点を当て，より高い成果を上げるために，業務上の課題・目標を重点的に形成したうえで，バックアップ要因として資源や業務システムを開発し，現状を変革していくことが活動の中心である。

　前者については，未知価値の創造が求められていて，未来状況を作り出すとともに，事業基盤を充実させるための「事業の再構築課題」を設定することが重要である。事業に焦点を当てて事業の目的を問い直し，方向性（Direction）を示すことが求められている。既存の機会の強化を大幅に進めることも検討し取り組むステージで，主として経営の成長段階で担うマネジメント活動である。

　また後者の「可能性への挑戦マネジメント」については，事業を支える業務機能に軸足をおいて成果を高めていくための「現状変革課題」を設定することが求められるであろう。したがって，あらゆる業務遂行上の可能性に挑戦すべく，成果を高める課題・目標を掲げて取り組むマネジメントステージである。また，現行のシステムや人的資源の開発を図るなどの，人の活動水

準を向上させる課題・目標についても形成し実現していく必要がある。視点を変えてみることや，ちょっとした「気遣い」「気配り」「心遣い」「心配り」で対象顧客からの支持を獲得していくことが重要である。マネジメントの対象は，「業務」と「資源全般」であり，課題・目標の質が問われるマネジメントステージである。

因みに，機会の開発マネジメントは未知価値の創造を行い，可能性への挑戦マネジメントについては願望価値を創造する取り組みであると捉える。

一方，サービス価値として位置づけることができる基本価値と期待価値についてはどうであろうか。「業務の有効化マネジメント」を行って，現在の障害を除去し業務を効率的に遂行できるようになるための「現状改善課題」を設定し解決することが課せられるであろう。組織関係者からの要求に基づいて業務機能が決まり，与えられた資源を活用することによって業務を的確に効率的に遂行することが活動の中心である。マネジメント対象は，「業務」ならびに人が組織に提供する「活動」である。まさにマネジメント活動の基本に当たるところである。この活動を前進させることで，ホスピタリティマネジメントのコア要素であるホスピタリティ価値に視点を移すことができるようになる。したがって，業務の有効化マネジメントについてはホスピタリティマネジメントの土台として位置づけることができるのである。

第2章で述べたところのホスピタリティマネジメントを通じて，組織を継続的に発展させていくことが可能であると同時に，内部顧客である働く個人は職業人として成長していくことができる。組織も個人も現状に焦点化して，できるところから行おうとする発想と行動であれば，自らの存在価値を低下させる結果になるのである。すなわち，ホスピタリティマネジメントが組織と個人の相互成長・相互繁栄・相互幸福へ向けての原動力になり得るものである。

2.3 これからのマネジメントへ重点シフト

第2章と本章の議論をマネジメントの視点からまとめてみると，**図表3－2**の通りである。基本的な考え方としては二分法ではなく，「これまでのマネジメント」を前提にして「これからのマネジメント」が成り立つとする考

図表3-2　マネジメントのフレームワーク：これまでとこれからの相違点

	これまでのマネジメント	これからのマネジメント
1. 提供する顧客価値	基本価値，期待価値 →　サービス価値 　　（製品・商品価値も含む）	願望価値，未知価値 →　ホスピタリティ価値
2. 活動の理念	顧客満足 ＝CS（Customer Satisfaction）	相互歓喜 ＝MD（Mutual Delight）
3. 活動の目的	組織が利益を上げる，売上げを上げる，コストを削減することを中心にして効率性を高める。	関係者が交流することによって潤い，安らぎ，癒し，憩い，寛ぎ，暖かみ，温もり，味わい，優しさ，和み，深み，高み等を感じる経験の場づくりを行う。
4. 主体・主導	組織主導	組織・顧客の両主導
5. 活動の対象と方向づけ	見込み客，顧客（1，2回顧みる客） →　顧客満足度の向上と顧客の維持と顧客の拡大。	得意客，支持者，代弁者・擁護者，パートナー →　顧客歓喜によるファンの拡大とリピーターの獲得。
6. 活動の内容	一方向的な顧客ニーズの把握とその充足，及びクレームやコンプレインへの対応。 →　業務の標準化，システム化，マニュアル化，機械化，ロボット化による画一化の推進。	関係者との相互関係，相互依存的な共働（共に働きかけ合い，共に力強く働く），及び相互補完の実践。 →　関係者との連携，関係者の組織化と共働，心と頭脳を駆使した創造的な活動，ちょっとした気遣い・気配り・心遣い・心配り。
7. 関係者の感情	満足，充足	喜び，歓喜，驚嘆，魅了，堪能，感動，感激，感涙，感銘
8. 基本的な問い	いかに売上げを上げるのか いかに利益を上げるのか いかにコストを減らすのか いかに顧客を満足させるのか	何によって楽しませのか 何によって喜ばせるのか 何によって感動の場を創造しシェアするのか

©YOSHIHARA. Keisuke

え方に依拠するものである。

　「これまで」と「これから」の境界の考え方については，2つの視点が考えられる。1つは，顧客の成熟化が挙げられる。すなわち，次節で述べる顧客進化の循環プロセスをガイドラインにして，現在，対象顧客はどこに位置づけられているのか，どこに位置づけるべきなのか，についての判断がある。そして，顧客管理に結びつけるのである。もう1つは，顧客の志向が多様化

している，あるいは潜在化していると認識できる場合には，**図表3-2**において類別したところの「これからのマネジメント」を採用する必要性が高まっていると判断することである。これら2つの視点については，国籍や地域による文化性の違いによっても異なるものである。

2.4 顧客進化の循環について

顧客の見方については，一度，原点に回帰するとよい。そのためには，顧客進化の考え方が参考になるであろう[8]。営利組織，すなわち多くの企業は見込み客（Prospects）を顧客（Customers）にすることに経営資源を集中してきた。顧客についてはその進化過程において，その種類は異なる。企業は中長期的な視点から次の進化過程へ進み，互いの信頼関係を育むことが望ましいといえる。**図表3-3**は，言わば，そのためのガイドラインとして，顧客進化の循環を表したものである。

顧客は利用行動を通じて得意客（Clients）へと進化する。この時点から，「フ

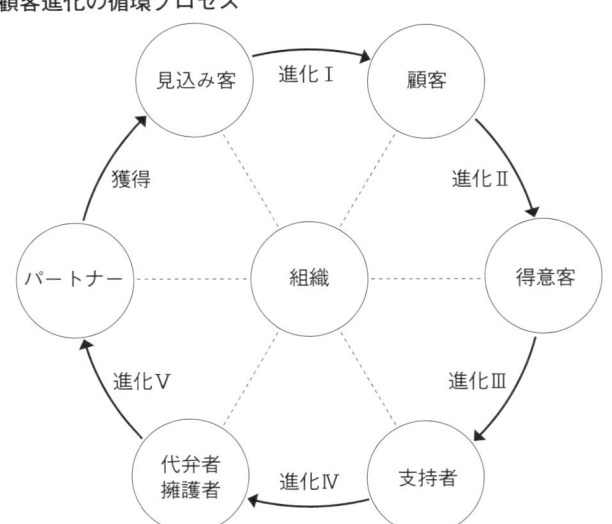

図表3-3　顧客進化の循環プロセス

注：破線（--------）は，組織とのリレーション・チェーンを示すものである。
出所：参考文献[2]を参照。

ァン」とか「リピーター」になり得る可能性が出てくるのである。**図表3－2の「これからのマネジメント」へ重点シフトすることを検討しなければならない段階である。**次にその得意客が積極的に企業活動に参加するようになると支持者（Supporters）に進化する。たとえば，行動に移すまでにはいかないがアイディアを出すようになるとか，種々の機会を通じて提案するようになることをいう。企業が受け容れ，しかも相互交流を促進することによって，支持者は代弁者・擁護者（Advocates）へ進化する。代弁者・擁護者は，企業側に立って「口コミ役」を果たすようになるのである。最終的には，経営のパートナー（Partners）へと進化する。彼らは企業活動の中に入り，良き理解者として経営に貢献するようになるのである。

3. 自律性の発揮を促すホスピタリティマネジメント

　自律性の発揮といっても，マネジメントが機能しなければ，個人レベルでは困難である。本節では，円卓発想によるチーム運営と権限の付与について述べることにする。

3.1　円卓発想によるチーム運営

　ホスピタリティ実践の理想的な姿は，どのような場として捉えられるであろうか。伝統的な組織論や管理論から離れてホスピタリティ概念からイメージ化してみることが大切である。そのためには第1章で述べたところの，ホスピタリティ概念のルーツを1つの形にする必要があるであろう。その形については，上下関係や主従関係によるトップダウン発想とは異なることは明白である。

　また，複数人が新しい価値の創造を共に担うというイメージがホスピタリティ概念に適合することは確かである。そのイメージを言葉にすると，どのように表現することができるであろうか。ここでいう新しい価値の創造とは，主としてホスピタリティ価値のことである。

　交流し合う関係，自律的な存在としての関係，そして対等な関係など，ホスピタリティが意味する条件を備え満たす場とは，どのようなものであろうか。

第3章 応用的ホスピタリティマネジメントの実践

図表3-4　円卓型のチーム運営

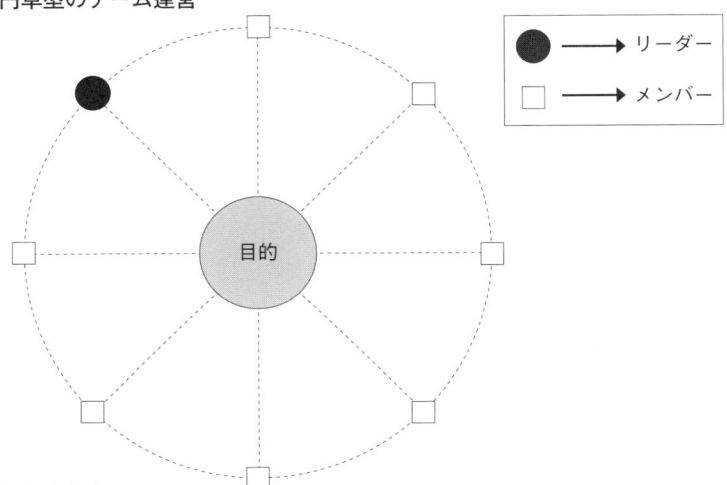

©YOSHIHARA , Keisuke
注：上記の点線については，リーダー・メンバー相互間の自由なやりとりを示している。
出所：参考文献［9］94頁の図表2-11に加筆した。

　それは，階層形態の場でないことは自明である。ならば，どのように表現することができるであろうか。ホスピタリティ具現化の場とは，円卓（Round-table）という場が適合するのではないだろうか。
　円卓とは，組織関係者が目的に対して等しい心理的な距離にあり，互いに心と力を合わせて，1つのことを成し遂げる「場」として捉えるものである。一方向的な関係を超えた捉え方であるといえるものである。また，互いに力を尽くすための目的づくりについても一緒に創っていく場として捉える。顧客のニーズを満たす場であるというよりは，より積極的に顧客価値共創の場として捉えるものである。そのためには意思決定の場でなくてはならない。
　円卓発想の要件は，以下の5点であると考える。第一は，ホスピタリティ概念の属性の1つである受容性を重視して，参画主体間において率直でオープンなツー・ウェイ・コミュニケーション（Tow-way communication）を行うことである。第二は，各人が一人ひとりの自律性を重視したチーム発想による運営を行うことである。誰が上で誰が下かという階層（Hierarchy）の発想から離れることが価値創造の過程においては有効である。さらには，参

画する主体は立場・役割が異なるが目的に対しては対等な関係であることが第三の要件である。メンバーの一人ひとりは共創へ向けて何らかの形で貢献することが重要である。第四は，遂行責任（Responsibility）と説明責任（Accountability）の所在を明らかにしておくことである。第五は，タイムスケジュールを明確化し計画的に推進していくことである。

図表3－4として掲げた円卓型のチーム運営については，互いが取り組む目的を形成するとともに共創する場として捉えるものである。

3.2　権限の付与－内外適応マネジメントの実践へ向けて

本節では，前節で述べたところのホスピタリティ概念をマネジメントに適用するにはどのようなことに意を用いなくてはならないのか，について明らかにするものである。したがって，上記したホスピタリティ人財ならびに価値創造人の要件は，ホスピタリティ概念によってマネジメントするうえで有効な概念であるといえる。

しかしながら，組織の規範や基準等の制約がある中で自らが自律的に考え行動することができるようになるためには，それが行えるだけの自由度が必要である。また，特にマネジメントの視点からその保障について考えてしかるべきであろう。それには，権限に関する議論を避けることができないのである。

(1)　自律性と権限の関係について

上記した円卓という場において，ホスピタリティを具現化するうえで特に欠かせない能力は何であろうか。円卓発想を実現させるためには，何はさておいても自律性の発揮が不可欠であろう。なぜならば，自律性の発揮についてはホスピタリティ人財における自己の領域が主導するとともに，その自己の領域が親交の領域と達成の領域に対して影響を与えるという姿が最も望ましいからである。

したがって，ホスピタリティを具現化するのであれば特に自己の領域を育てることが大切である。エンゲル（G. V. Engel）は自律性の構成要素について，a）変革（Innovation），b）個人的責任（Individual responsibility），c）自由

なコミュニケーション（Free communication）の3つを挙げている[12]。これらは，上記したところの価値創造人の要件やホスピタリティ人財ともその内容において相容れるものである。

　人間は，そもそも自律的な存在である。すなわち，担当する職務について精通し遂行に当たって筋道を立てて考えることができるようになる。さらには，職務を自らが軸になって果たしていこうとし，関係する問題が生じたり制約が顕在化したりしても主体的に解決し，関係者からの期待や要請に応えようとする存在である。すなわち，他者との関係を継続しながら自らが考え判断し行動する存在であるといえるのである。立場や役割によって制約があるのも事実である。

　その制約を超えて，関係者との連帯の中で行動に移すことができるかどうか，そこに自律性発揮の鍵があるといえよう。すなわち，権限に関する問題があるのである。権限は自律性の発揮にとって有効である。その理由は，現在の組織においてホスピタリティを実践するための本質的で実質的な条件だからである。

(2) **権限の範囲**について

　権限については，組織の合理的な編成に重点を置いている伝統的な組織論では立案と執行が分離されており，管理者以外は権限行使の範囲とその対象は限られていたといえる。たとえば権限委譲の原則においては，目的づくり等の立案権限や意思決定権限，そして承認権限は委譲されず留保されることが一般的であった。ブロ（J. A. Breaugh）がいうように，任されているのは方法（Methods），日程（Scheduling），基準（Criteria）に関してであった[13]。田尾も，この点について同様な指摘をしている[14]。

　また，これまでの管理原則（Principles of Management）においては，一面的に上位者から下位者への権限の委譲という視点から論じられてきたといえる。円卓発想による場においては何が異なるのであろうか。これらの原則や固定観念を超えてあらたに論じる必要があるであろう。その理由は，伝統的な組織論や管理論に立脚する権限授与説[15]，またバーナードによる近代組織論に立つ権限受容説[16]，さらには上位者が下位者よりも能力を備えているとす

る権限能力説等はすべて上位者と下位者によって規定されるところの，中央集権的で階層的な組織構造が前提になっているからである[17]。

　ホスピタリティ人財たらんとするためには執行面に限定することなく自由裁量の範囲を拡大することが最も重要なことである[18]。また同時に，自己効力感が伴う場の創出が期待されているところである[19]。そのような条件を整えることによって，ホスピタリティ価値の創造とその提供が期待できるといえるのである。上記した円卓発想による共創の場はそのような場である。ならば，ホスピタリティ概念に基づく経営を志向する組織では権限についてどのように考えることが望ましいといえるのであろうか。また，あるべき姿とはどのような場のことをいうのであろうか。

　権限には，執行権限，審議権限，提案権限，立案権限，意思決定権限，決裁権限，承認権限，命令権限などがある。これらを同時に考えることは現実的ではない。したがって本節においては，執行権限，審議権限，提案権限，立案権限，意志決定権限，決裁権限，承認権限について取り上げる。命令権限については，本節では階層という場から離れて円卓と呼ぶにふさわしい場について考察するため取り上げないことにする。

　組織において個人の自律性を考えるには，個人の思考や行動を促進するという意味において可能な限り自由裁量の幅を保障する権限について検討する必要があろう。また，チーム組織単位についても同様である。自由裁量の幅には，権限行使の対象も入るであろう。どの権限を自由裁量の幅の中に置くのか。上記した円卓発想を導入することを考えると，立案と執行を共に行うチームや個人について想定することが最適ではないか。これらの2つの権限は階層構造の組織では分離されていたからである。

　円卓発想による共創の場においては，自律的に思考し行動する人間が存在しなくてはならない。円卓発想によるチームは，未知価値や願望価値といったホスピタリティ価値の創造と提供を進めなくてはならないからである。そこにおいては上下の関係を規定して権限を委譲する考え方とは異なり，組織関係者間において安定的に継続的に貢献した人に権限が備わると見るべきではないのか。したがって，チームの目的を作るところから行使する立案権限，そして提案権限や審議権限，さらには意思決定権限や執行権限が内在してい

た方が組織関係者間の相互作用と相互補完をより促進することになるであろう。

特に事業に関する立案と意思決定を含んだ権限の行使が核になる。また，上記した権限については円卓発想によるチームの内外で行使でき，チーム外部からも認められていることが必要条件である。その点，関係者が一体感のあるマネジメントにすることがホスピタリティ概念に適合する姿である。

さらには，立案や意思決定の権限を保障しそれを促し，その行使のプロセスと結果については組織として見極め評価して，即座にフィードバックする仕組みを整える必要がある。[20] 権限の範囲拡大とその行使については，ホスピタリティ具現化のための手段であって決して目的にはなりえないからである。その際には，マネジメントの責任や説明責任（Accountability）についても組織内外の関係者が参画するチームそのものに備わっていると考えてよいであろう。チームにおいて完結するマネジメントを志向しているからである。[21]

したがって，チームには承認権限や決裁権限についても保障されるべきである。組織内部の人であろうと組織外部の人であろうと自己責任が伴うことであり，チームの責任が問われることになるのである。それは，自律的に活動し個別的に対応するところのホスピタリティ概念に適合するからである。

さらに，円卓発想による共創の場においては，将来的にリーダー的な存在について考えなくてはならないかもしれない。[22] リーダーについては，むしろ自然発生的に決まると考えた方が，よりダイナミックな活動になるであろう。また，これらの権限行使をサポートするルールについても最初から決めるのではなく，チームで行動しながら学びチームの文化を醸成していくと考えることの方が理に適っている。なぜならば，ルールはメンバーの自律性を促すとともに望ましい思考や行為を促進するものであって抑制するものではないからである。それは，自律性の発揮と密接に関係しているからである。

4. ホスピタリティ経営について

ホスピタリティ概念に基づく経営をホスピタリティ経営という。[23] 現在，対象顧客に対してホスピタリティの実践を唱える組織は多い。また働く人たちに対して，「心を働かせる頭脳労働」による創造的な活動へエンカレッジ

(Encourage) する経営が最も求められているといえる。

4.1 ホスピタリティ経営におけるマネジメント

　ゲストにとって，「ニーズ」「日常性」「予想」についてはどうか。また，提供者側のホストの「確実性」「指向」はそれぞれどうか。サービス価値とホスピタリティ価値に関するマネジメントを比較すると，**図表3－5**のようにまとめることができよう。

　ホスピタリティ価値を創造し提供することは，多くの場合，ゲストが気づいていない潜在的なニーズに対してチャレンジするため，期待と満足を超えたところで，歓喜，驚嘆，魅了，堪能，感動，感激，感涙，感銘の度合いが大きいといえる。すなわち，マスの顧客からリピーターやファンに変わる可能性が大きくなる瞬間でもある。中でも，未知価値については特にゲストの感情の振幅は格別であろう。

　また，組織関係者の相乗効果を高める創造マネジメントは，場合によっては関係者間におけるコンフリクトを高めることが容易に想像できるところである。したがって，人間の心を操作し統制するマネジメントではなく，広く人々の心をエンカレッジ（Encourage）するマネジメントが求められるのである。筆者が考えるエンカレッジマネジメント（Encourage management）は，ホスピタリティマネジメントの構成要素の1つである。

　ホスピタリティ経営が指向するマネジメントは，人と人が交流することによって発揮される知恵を「潤い」「安らぎ」「癒し」「憩い」「寛ぎ」「暖かみ」「温もり」「味わい」「優しさ」「和み」「深み」「高み」などと呼ぶにふさわし

図表3-5　ホスピタリティ経営におけるマネジメントの傾向

顧客価値	着眼ポイント	ニーズ	日常性	予想	確実性	指向
ホスピタリティ価値	未知価値	潜在	非日常	予想外	不確実	創造
	願望価値	顕在／潜在	非日常	予想外	不確実	創造
サービス価値	期待価値	顕在	日常	予想内	確実	標準
	基本価値	顕在	日常	予想内	確実	標準

©YOSHIHARA, Keisuke

い場づくりに集中することである。この場づくりには，人間による心の働きと頭脳の働きが必要である。それには人間の意志と意欲が必要であり，人間が抱く思いが不可欠である。そのうえで個別的に関係者との連携を進めていくことである。すなわち，マネジメント上，関係者の組織化を考え設計しなくてはならない。

　ホスピタリティ経営を具現化するためには，ホスト主導でもなく，ゲスト主導でもないところに成り立つことが望ましい姿である。どちらがイニシアティブを取るのかという問題はあるにせよ，結果的には両者主導によって両者の相乗効果を高める姿が求められているといえる。たとえば，患者と病院関係者が出会い交流し合い，相乗効果を高めることは大いに楽しみなことに違いない。なぜならば，不治の病気についても治癒するかもしれないからである。したがって，ホスピタリティ経営は病院に関係のある組織関係者の間にインタラクティブ（Interactive）な関係と場の形成を志向するものである。この中に，一例として第2章で述べたマネジメント活動をしっかりと位置づけることである。

4.2　ホスピタリティ経営へのガイド

　図表3－6は，今後の経営を成功へ導くために作成したものである。縦軸のホスピタリティ度は価値創造に対しての効果性を表している。横軸のサービス度は主にゲストの期待に対しての効率性を表すものである。

　この図は，4つの象限から構成されるものである。右上の第4象限は価値共創経営であり，人財有効活用型の経営である。第3象限は，本書で意味づけたところのサービスであるが，効率性を重視した経営でありシステム指向型の経営である。サービス経営と名づけることにしよう。第2象限の経営は，不安定経営といわなくてはならない。人間偏重型経営で非連続な経営，また身の丈ではなく背伸びをしている経営といえる。第1象限は，てんてこまい経営と名づけよう。まさにクレーム対応型で破滅型の経営である。いうまでもなく，第4象限の経営を目指すべきで「ホスピタリティ経営」と表現できるものである。

　ホスピタリティ経営の目的は，顧客価値を創造し提供して，それを最大化

図表3-6　ホスピタリティ経営へのガイド

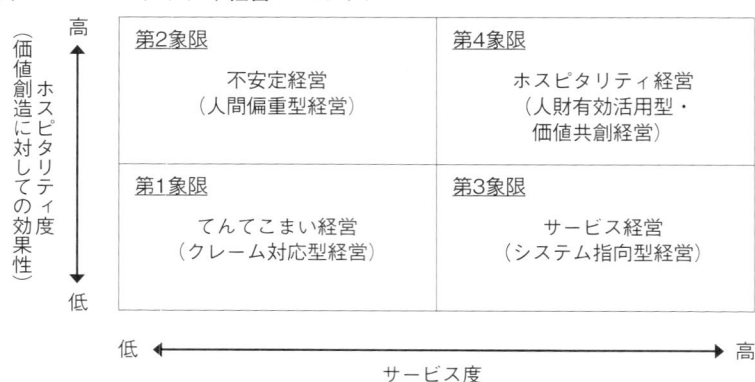

	サービス度　低	サービス度　高
ホスピタリティ度　高	第2象限　不安定経営（人間偏重型経営）	第4象限　ホスピタリティ経営（人財有効活用型・価値共創経営）
ホスピタリティ度　低	第1象限　てんてこまい経営（クレーム対応型経営）	第3象限　サービス経営（システム指向型経営）

縦軸：ホスピタリティ度（価値創造に対しての効果性）
横軸：サービス度（ゲストの期待に対しての効率性）

©YOSHIHARA, Keisuke

することである。また，ホスト側は自らの能力を最大限に発揮することである。従来は，顧客や市場の動向に適応して対象顧客のニーズを満たすことであると捉えられていた。ニーズとは，欠乏，不足，必要，不備，不利，不便，不自由，不透明，不明瞭，不満，不平などを意味しており，満足は顧客の期待やニーズが満たされた状態のことである。言わば，顕在化した期待値に基づいてマネジメント活動を行うものである。たとえば，医療の場合には顧客は患者である。今後は，患者の個別化に伴い，病院マネジメントそのものを組み立て直し対応していく必要があるであろう。患者とその家族の誰もが我慢し，あきらめていることの中に，「待ち時間の短縮化」の課題がある。この課題に手を打つことは，患者の願望価値を創造し提供することである。患者価値を創造するマネジメントを実践することによって，病院組織を継続的に発展させるとともに，病院で働く個人は職業人として成長することが可能である。また，人間としての成長も可能である。逆をいえば，組織も個人も現状のみを見て，できることから行おうとする発想のみでは自らの存在価値を低下させることになりかねないのである。

　これまでは同じことを同じように行うことができているかどうか，に関心があった。製品・商品や無形財としてのサービス（活動・機能）を提供する段階から，ゲストによる主観的な評価価値を最大化する段階へ重点シフトし

なければならない。まさにゲストとの関係を形成する時代へ突入したといえるのである。

5. 価値創造におけるネットワークの諸局面

　ホスピタリティ経営を成功へ導くガイドについて，もう１つ提起しておきたい。具体的には**図表３－７**にある通り，４つの局面の中でⅢの局面やⅣの局面において組織活動を方向づけることである。[24]

　筆者が第１章で価値創造的人間観と表現した理由は，**図表３－７**にある通り，ネットワークの諸局面におけるⅢの局面（思考・開発のプロセス），及びⅣの局面（顧客にかかわるネットワーク，外部組織・人とのネットワーク）に対応させたいと考えたからである。すなわち，ⅢとⅣの局面をホスピタリティ具現化のための「価値創造の過程」として位置づけたことに呼応するものである。特にこの両局面においてホスピタリティの実践が重視されるべきである。その理由は，意志を伴い心と頭脳を駆使してホスピタリティ価値を創造する場であると捉えるからである。また，それが人間本来の特性だからである。

　ネットワークが意味するところは，「価値創造の過程」に参画し，情報及び思考の交換を促進するマネジメントを進めることである。どこに視点を置くかによって様々な捉え方が可能である。社会的な活動においては，その構成主体の間で多様な情報交換に媒介された何らかの「関係」が構築される。これらは，すべてネットワークと表現することも可能である。また一方では，極めて限定的に電子的情報を交換するための結合体系をネットワークと表現する場合もあるだろう。

　本節の関心事は，あくまでも企業経営の革新やマネジメントとのかかわりを持つ範囲でのネットワークである。いわゆる情報システムとしてのネットワークとそれを媒介とする経営主体と結びつく関係としてのネットワークが含まれている。企業は，当然のこととして組織外部及び内部において様々なネットワークのもとで活動している。問題は，そうした多様なレベルでのネットワークに意識的にある意味を付与し，自らの意図のもとにマネジメント

第Ⅰ部　理論編

図表3-7　価値創造のためのネットワークの諸局面

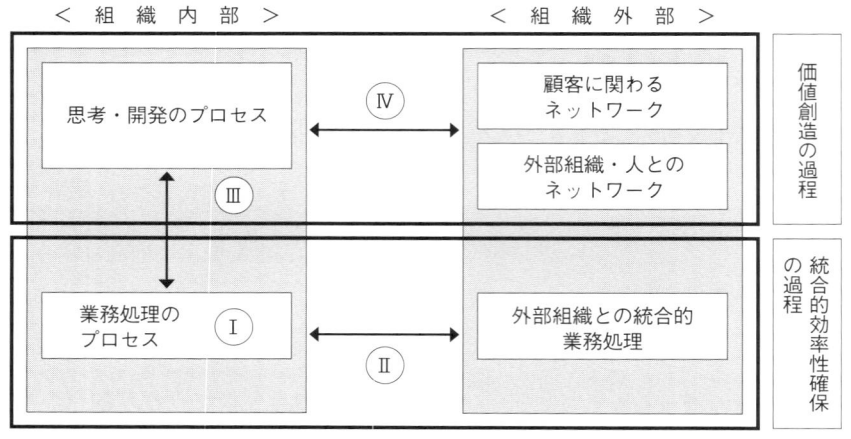

```
         ＜ 組 織 内 部 ＞              ＜ 組 織 外 部 ＞
┌─────────────────────────────────────────────┐ ┐
│  ┌──────────────┐           ┌──────────────┐ │ │価
│  │              │           │  顧客に関わる │ │ │値
│  │思考・開発のプロセス│  ←Ⅳ→    │   ネットワーク │ │ │創
│  │              │           ├──────────────┤ │ │造
│  │           Ⅲ │           │ 外部組織・人との│ │ │の
│  │              │           │   ネットワーク │ │ │過
│  └──────────────┘           └──────────────┘ │ │程
│         ↕                                   │ ┘
│  ┌──────────────┐           ┌──────────────┐ │ ┐統
│  │              │           │              │ │ │の合
│  │業務処理の   Ⅰ │  ←Ⅱ→    │外部組織との統合的│ │ │過的
│  │プロセス      │           │   業務処理    │ │ │程効
│  │              │           │              │ │ │率
│  └──────────────┘           └──────────────┘ │ │性
└─────────────────────────────────────────────┘ ┘確保
```

©YAHARA Tadahiko, YOSHIHARA Keisuke

を行い，経営成果の拡大に結びつけることができるかどうか，ということである。

このように考えてくると，ネットワークを**図表3－7**のようにⅠからⅣまでの4つの局面に整理することができよう。

Ⅰの局面：組織内部の業務処理のプロセスにおけるネットワークである。たとえば，見積り，受発注，請求，回収までの取引全体にわたる事務処理，生産管理，ロジスティックス，拠点間情報処理などがこれに該当する。このプロセスについては，基本的には情報システムとしてのネットワークと位置づけることができる。

Ⅱの局面：取引先などの外部主体との統合的な業務処理のためのネットワークである。これは，上記Ⅰの内部業務処理の延長線上にあり，組織外部との関係で業務処理を統合することにより，さらなる効率性を追求するためのネットワークと位置づけることができる。たとえば，電子商取引とそれに伴う電子決済などは代表的なものである。

Ⅲの局面：思考・開発のプロセスを支援するためのネットワークである。このネットワークは，上記ⅠあるいはⅡの局面を前提としつつ，組織内部の

個別主体が情報及び思考の交換活動を含むプロセスにかかわるものである。このⅢの局面には，現在多くの企業が導入し実用化の過程にあるグループウェアなどが考えられるであろう。

　Ⅳの局面：顧客等の組織外部主体との間における情報及び思考の交換活動を含むネットワークである。上記Ⅲの延長として組織外部を含み，外部と内部を統合して社会的に評価される新たな価値の創造を支援するプロセスと位置づけるものである。Ⅳの局面には，組織と組織とのネットワーク形成も含まれる。

　これまでの企業における情報システム及びネットワークの視点は，ともすれば上記Ⅰの局面を中心とするものに偏っていたのではないか。あるいは，せいぜい上記Ⅱの局面の一部にかかわるものであったのではないのか。

　これからの日本企業が進むべき方向は，ⅠやⅡの局面におけるネットワークによってさらなる効率性を追求してサービス価値を提供しつつ，人間が人間本来の特性を発揮して，ホスピタリティ価値を創造する「価値創造の過程」に参画し，情報及び思考の交換を促進するマネジメントを進めることである。

6. おわりに

　本章では，経営の目的を顧客価値の創造として位置づけた。そして，従来からのマネジメントの陥りやすい傾向について明らかにしたうえで，ホスピタリティマネジメントの可能性についてホスピタリティ概念の言語的な根拠に基づき考察したところである。その結果，顧客価値をホスピタリティ価値とサービス価値の2つの価値に明確に峻別したうえで，それぞれの目的，顧客の捉え方，顧客に対してのアプローチなどが異なることがわかったところである。[25]

　目的については，サービスが対価を求める経済的な活動であるのに対して，ホスピタリティは人間が生きる価値を生み出す源泉であると捉えた。「満足」と「歓喜，驚嘆，魅了，堪能，感動，感激，感涙，感銘」を峻別することについても言及したところである。顧客の捉え方については，「多数」対「個別」の関係にある。顧客に対してのアプローチは，「見込み客，顧客」対「得意客，

支持者，代弁者・擁護者，パートナー」として目指す関係形成が異なることがわかった。後者については，顧客進化の循環プロセスに基づき，多くの顧客の中からパートナーになる可能性について探るとともに，ゲストによる主観的な評価価値を最大化する経営が求められている中，互いの関係形成の必然性について述べた。また，円卓発想による共創の場づくりについて提起することで，関係者との連携，関係者の組織化，及び組織と顧客両主導による相乗効果を高めるマネジメントの方向性についても明らかにした。「リピーター」や「ファン」という言葉については，従来のサービスマネジメントの視点からは生まれないこと，また同じ土俵では語ることが困難であることもわかった点である。

　さらには，価値創造の過程においてどのように権限の範囲とその行使について考えればよいのか，これまでと何が異なるのか，について考察した結果，上下関係や主従関係を規定したうえで権限を委譲する考え方とは異なり，組織関係者間において能力発揮して安定的に継続的に貢献した人に権限が備わることがホスピタリティ概念に適合しているとわかったところである。組織からチームや個人に対して必要な権限を付与することについても指摘した。権限は，自律性の発揮にとって鍵概念であることが明らかになった点である。

　今後の課題は，ホスピタリティの具現化を促進する経営理念と組織マネジメントとの相互関係性について研究することである。また，ホスピタリティマネジメントのプロセス，目標形成のためのウェイトづけ，人事考課の研究，クレド（Credo）によるマネジメント，自己申告とキャリア形成の研究，創造的な活動を推進するワークスタイルの研究，ホスピタリティリーダーシップ発揮のためのマネジメント，モチベーションマネジメントの研究，物的資源管理の研究など，今後とも経営の根幹にかかわる研究を推進していかなくてはならない。

［注］
1) 筆者による造語である。円卓発想の英語名については，Round-table thinking という。参考文献［6］の102-106頁を参照。また参考文献［10］の54-56頁を参照。
2) 権限付与については，個人やチームが自律性を発揮することができるようになるた

第３章　応用的ホスピタリティマネジメントの実践

　　　　めに権限を移すこと（Transfer）を意味するものである。加えて，自己効力感を引き出すエンパワーメント（Empowerment）の意味を有するものである。
 3） 参考文献［20］［22］［23］［26］を参照。
 4） 参考文献［23］を参照。
 5） 参考文献［5］を参照。
 6） 参考文献［23］外国語文献の pp.128-129 を参照。
 7） 参考文献［20］外国語文献の p.5，p.74，［22］外国語文献の p.27，［27］p.9 を参照。
 8） 参考文献［2］を参照。
 9） 参考文献［1］の 162-180 頁を参照。
10） 参考文献［6］の 102-106 頁を参照。また参考文献［10］の 54-56 頁を参照。階層型の組織構造と対比している。
11） 参考文献［1］［3］を参照。権限については，「職務を公に遂行し得る力」と定義づけることができる。
12） 参考文献［18］の pp.12-21 を引用し適用した。
13） 参考文献［12］pp.551-570，［13］pp.381-400，［14］pp.1033-1056 を参照。
14） 参考文献［4］の 109 頁を参照。
15） 参考文献［1］の 166-167 頁を参照。また参考文献［25］日本語文献の 72-78 頁を参照。
16） 同上。
17） 参考文献［25］日本語文献の 72-102 頁を参照。
18） 参考文献［3］の 57-58 頁を参照。泉田は，権限の属性として自由裁量のほかに経営的効力と責任を挙げている。
19） 参考文献［17］の pp.471-482 を参照。また，同文献の pp.473-474 によれば，エンパワーメントは「組織メンバー間に醸成される自己効力感を助長するプロセスであり，自己効力感を引き出す情報を提供する公式組織慣行や非公式的技法などによって，その自己の能力を妨げる障害を軽減し，積極的なフィードバックや支援を提供するプロセスである」と定義されている。
20） 参考文献［7］，及び参考文献［10］の 113-121 頁を参照。筆者は，職業人としての成長段階に応じた能力発揮力の評価を提案している。成果と能力を結びつける能力発揮力は，「自己傾注力」「親交促進力」「達成推進力」から構成されている。
21） 価値創造の過程においては，さまざまな困難が伴うであろう。そのようなときにこそ個々人の真価が問われるといえる。真価を発揮するためにも権限の問題に筋道をつけることが重要である。困難な事態を突破しさらに成長していくためには，権限の側面からその突破を支援するマネジメントが求められているところである。ホスピタリティマネジメントの観点からいえば，すべての人に同様な機会を提供したうえで人間行動のプロセスとその成果を個別的に見極めて評価していく必要がある。
22） 参考文献［7］［9］［10］を参照。筆者はホスピタリティ人財が有する３つの領域（自己，親交，達成）にもとづいて，「能力発揮力」の存在を明確にし提起した。そのうえで「初心・初級」「中堅」「指導」「経営」の各成長段階ごとに，リーダーとしての

第Ⅰ部　理論編

適性を診断し育成するためのガイドラインを作成した。
23) ホスピタリティ経営は，筆者による造語である。ホスピタリティ概念に基づく経営のことである。ホスピタリティ経営を成功へ導くためには，ホスピタリティマネジメントを機能させる必要がある。
24) 参考文献［8］を参照。
25) 参考文献［24］を参照。筆者は，医師を対象にしてアンケート調査を実施した。その結果，「医師は2つの志向性（ホスピタリティ価値を重視する志向と患者の自己決定を促す志向）が医療成果（治癒効果と患者の人生や幸せ）と関係があると考えている」ことが検証された。

［参考文献］
［1］井原久光（2005）『テキスト経営学［増補版］』ミネルヴァ書房。
［2］井関利明（1996）「リレーションシップ・マーケティング」『やさしい経済学』日本経済新聞 1996年11月20日朝刊。
［3］泉田健雄（1987）『職務権限論』白桃書房。
［4］田尾雅夫（2003）『組織の心理学［新版］』有斐閣。
［5］読売新聞 2012年5月21日朝刊。
［6］吉原敬典（1996）「円卓発想による創造マネジメント」『日本創造学会第18回研究大会論文集』日本創造学会第18回研究大会実行委員会。
［7］吉原敬典（1997）「ホスピタリティ・マネジメントと共働による人事考課」『日本ホスピタリティ・マネジメント学会誌 HOSPITALITY』第4号，日本ホスピタリティ・マネジメント学会。
［8］吉原敬典（1998）「ネットワークとマネジメントに関する調査研究」『(学)産能大学総合研究所リサーチペーパー 98 − 5』(学)産能大学総合研究所。
［9］吉原敬典（2001）『「開放系」のマネジメント革新：相互成長を実現する思考法（第4版）』同文舘出版。
［10］吉原敬典（2014）『ホスピタリティ・リーダーシップ（第4刷）』白桃書房。
［11］Chester I., Barnard, The Functions of the Executive, Harvard University Press, Cambridge, Massachusetts, and London, 1938; 1968. ＝ C. I. バーナード著，山本安次郎・田杉競・飯野春樹訳（1968）『新訳　経営者の役割』ダイヤモンド社。
［12］J. A. Breaugh, "The measurement of work autonomy" Human Relations, 38, 1985.
［13］J. A. Breaugh, & A. S. Becker "Further examination of the work autonomy scales: Three studies", Human Relations, 40, 1987.
［14］J. A. Breaugh, "The work autonomy scales: Additional validity evidence", Human Relations, 42, 1989.
［15］Christo Norden-Powers, AWAKENING THE SPIRIT OF THE CORPORATION, Christo Norden-Powers. 1994. ＝ クリスト・ノーデン－パワーズ著，吉田新一郎・永堀宏美訳（2000）『エンパワーメントの鍵』実務教育出版。

［16］C. K. Prahalad & Venlat Ramaswamy, The Future of Competition, Harvard Business Review Press, Massachusetts, 2004. = C. K. プラハラード，ベンカト・ラマスワミ著，有賀裕子訳（2013）『コ・イノベーション経営：価値共創の未来に向けて』東洋経済新報社。

［17］J. A. Conger & R. N. Kanungo, "The empowerment process: Integrating theory and practice", Academy of Management Review, Vol. 13, 1988.

［18］G. V. Engel, "Professional autonomy and bureaucratic organization", Administrative Service Quarterly, 15, 12-21, 1970.

［19］Henry Chesbrough, OPEN SERVICES INNOVATION: Rethinking Your Business to Grow and Compete in a New Era, John Wiley & Sons, 2011. = ヘンリー・チェスブロウ著，博報堂ヒューマンセンタード・オープンイノベーションラボ監修・監訳（2012）『オープン・サービス・イノベーション：生活者視点から，成長と競争力のあるビジネスを創造する』阪急コミュニケーションズ。

［20］Jan Carlzon, "Moment of Truth", Ballinger Publishing Co., 1987. = ヤン・カールソン著，堤槇二訳（1990）『真実の瞬間』ダイヤモンド社。

［21］John Donovan, Richard Tully & Brent Wortman, The Value Enterprise, McGraw-Hill, 1998. = J. ドノバン，R. タリー，B. ワートマン著，デロイト・トーマツ・コンサルティング戦略事業部訳（1999）『価値創造企業』日本経済新聞社。

［22］K. Albrecht & Ron Zemke, "Service America !", Dow Jones-Irwin, 1985. = カール・アルブレヒト，ロン・ゼンゲ著，野田一夫監訳（1988）『サービスマネージメント革命』HBJ出版局。

［23］Karl Albrecht, "THE ONLY THING THAT MATTERS", HarperCollins, 1992. = カール・アルブレヒト著，和田正春訳（1993）『見えざる真実』日本能率教会マネジメントセンター。

［24］Keisuke Yoshihara and Kozo Takase, "Correlation between doctor's belief on the patient's self-determination and medical outcomes in obtaining informed consent", Journal of Medical and Dental Sciences, 60（1）, Tokyo Medical and Dental University, 2013.

［25］H. Koontz, & C. O. Donnell, Principles of Management, 3rd ed., McGraw-Hill, 1964. = クーンツ，オドンネル著，大坪檀・高宮晋・中原伸之訳（1965）『経営管理の原則　第1巻　経営管理と経営計画』ダイヤモンド社。

［26］Philip Kotler & Gary Armstrong, Principles of Marketing, 6th ed., 1994.

［27］Richard Normann, "Service Management", 1st ed., 1984.

［28］Venkat Ramaswamy & Francis Gouillart, THE POWER OF CO-CREATION, Simon & Schuster, 2010. = ベンカト・ラマスワミ，フランシス・グイヤール著，尾崎正弘・田畑萬監修，山田美明訳（2011）『生き残る企業のコ・クリエーション戦略：ビジネスを成長させる「共同創造」とは何か』徳間書店。

第 II 部

事例研究編

第**4**章

他者理解のための「ホスピタリティ人財」育成の必要性について

キーワード
他者尊重，ホスピタリティ人財，自己理解

1. はじめに

　本書のまえがきにもあるように，2020年の東京オリンピック・パラリンピック招致活動以降,「お・も・て・な・し」や「ホスピタリティ」という言葉が，正しい意味であるかどうかは別にして，頻繁に使われるようになった。ホスピタリティという言葉自体が身近になった一方で，社会全体がホスピタリティのかけらも感じられないような状況になっているようにも思える。東京でのオリンピック開催はめでたいことではあるが，オリンピック招致に少しでも異を唱えると糾弾されそうな空気になっていたのはなぜだろう。「個性の時代」などといわれながら，少しでもほかと違った発言をすると叩かれるような空気。もちろん，昔から日本ではどちらかといえば全体の和を重んじ，「出る杭は打たれる」といった風潮はあった。しかし，ここ最近はそれをことさら強く感じる。少数意見には聴く耳を持たず，極端な方向に走る傾向になっているのではないだろうか。もう少し相手の立場を考えたり，自分と反対側の意見にも耳を傾けてみてもよいのではと感じる。まさに一人ひとりがホスピタリティの心を持って行動すれば，もう少し生きやすい世の中になるのではないだろうか。

　そもそも，「ホスピタリティ」と「おもてなし」はまったくの同義語とはいえない。しかしながら，書店の「ホスピタリティ・コーナー」を見ると，ホテルのサービスや，接客業に関する，いわゆる「おもてなし」について書

かれた本ばかりが並ぶ。

　では，ホスピタリティとは何か。それは相手に対する思いやりの心が出発点である。その本質は「相互性を帯びたシチュエーション（Situation）の中で他者を受け容れるということ[1]」にほかならない。他者を受け容れることで，初めて議論が生まれる。「人と人との出会いと交流が人間がもともと持っている『限界性』を『可能性』に変えるのである。まさに，変革へ向けてのトリガー（Trigger）になる[2]」といえる。他者を思いやる気持ちがホスピタリティに繋がるとすれば，現代の日本ではその部分が欠落しはじめているのではないだろうか。多様な意見を認めない風潮は，やがて全体主義へとも進みかねない。異分子を認めない風潮は，日本の将来にとっても決して良い結果を生むとは思えない。立教大学の吉岡知哉総長は，2011年（平成23年）の大学院学位授与式の式辞で，大学は人間が社会に埋め込んだ異質な制度であり，徹底的に考えるということは自ら異物になるということであると述べた[3]。「自由の学府」に学んだ「異物」の一人として，現代の日本について，ホスピタリティという観点から考えてみたい。

2. 他者を理解するということ

2.1　デオドラントな世の中

　現代の日本は，口臭，体臭，加齢臭，汗臭さ，といった匂いに対して，過剰ともいえるほど敏感になっている。まさに現代は「デオドラントな世の中」といえる。歴史的に見ても，病原菌や，異民族に対して，人は「くさい」といって差別的な行為をしてきたといわれる。ル・ゲレ（Le Guerer）は「集団を構成する各メンバーにとってグループの一員であることの証明となり，その団結を促進する役割を果たす匂いは，同時によそ者を判別する手だてとなり，他グループとの間にバリアを作る。かくして匂いは人種的，社会的，そして最終的には倫理的な拒絶をうながし正当化する手段，あるいは基準となる[4]」としている。これは，いわゆる「よそ者はくさい」という考え方にほかならない。

　最近では，洗濯物への香り付けという付加価値により，匂いの強いアロ

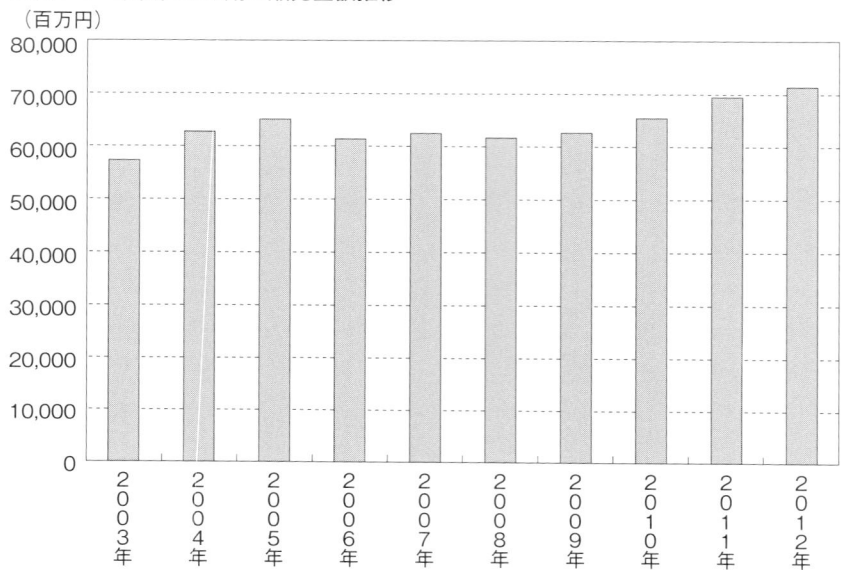

図表4-1　柔軟仕上げ剤の販売金額推移
（百万円）

年	販売金額
2003年	約57,549
2004年	約63,000
2005年	約65,000
2006年	約61,500
2007年	約62,500
2008年	約61,500
2009年	約62,500
2010年	約65,500
2011年	約69,000
2012年	約71,459

出所：インターネット資料[6]を参照し筆者作成。

マ柔軟剤も売れている。柔軟仕上げ剤の販売金額は2003年（平成15年）に57,549百万円だったものが，2012年（平成24年）には71,459百万円と着実に伸びている（**図表4－1**）。

また，公益社団法人日本アロマ環境協会（AEAJ）調べによると，2011年（平成23年）のアロマ市場は2,654億円であった。そのうち，アロマテラピー製品・サービス等による市場規模は637億円，精油配合製品等による市場規模2,017億円と推計した。アロマ柔軟剤・消臭剤・室内芳香剤市場は753億円で，精油配合製品等市場の37.3％を占めている。[5] 朝日新聞によれば，アロマ柔軟剤が売り上げを伸ばす一方で「隣人の洗濯物の匂いがきつ過ぎて頭痛や吐き気がある」とか「柔軟剤を使用したら，匂いがきつくせきが止まらなくなった」といった相談が国民生活センターに寄せられているという。柔軟剤の香りと体調不良との因果関係ははっきりしていないとされているが，柔軟剤のラベルの注意書きについても，これまでは香りをもっと楽しむために使用量増を

すすめる表現だったものが，周囲への配慮を呼びかける内容に変わってきている[6]。本来は周囲への匂いに対して気を使うための，ある種の思いやりであったはずが，それがあまりにも過剰になりすぎて，逆に作用してしまっているという皮肉な結果である。匂いがきっかけとなり，それはやがて諍いへと変質していくのであろう。行き過ぎたデオドラントな世の中は，逆にホスピタリティに満ちた世界とはいえない。他者を気遣うつもりで匂いに敏感になった結果，他者に対して差別的な感情，すなわち敵対する感情に変質していく。これはまさに吉原の指摘する「客人は恐るべき敵である[7]」という理論と同類のことといえる。まさに「敵意を敵対的な行為へと移す前に，その気持ちを氷解することこそが，私たち人間が生きていくうえで欠くことができない役割[8]」である。

2.2　喫煙者と非喫煙者

　煙草が嫌いという人は，健康を害するリスクもさることながら，その匂いに耐えられないという人も多い。現代において喫煙者が排除される方向に向かうのは，ひとえに「喫煙者の匂い」にも原因があるのではないだろうか。前述の「デオドラントな世の中」ということに，煙草の匂いも含まれるのかもしれない。筆者も非喫煙者である。非喫煙者にとっては，喫煙者と会話する時など，確かに"煙草くさい"と感じることはある。しかしながら，喫煙が健康を害することは当然のこととしても，「喫煙者＝悪」というふうに，一方的に批判するのはいかがなものであろうか。もちろん，喫煙者には非喫煙者を思いやる気持ちを持ってほしいのは当然のことだ。特に煙草には「受動喫煙」という問題もある。副流煙の影響について，喫煙者は真剣に考えなければならない。しかし，同時に非喫煙者も喫煙者のことを少しは考えてもいいのではないだろうか。それが他者に対する「思いやりの心」というものだと思う。健康を害する可能性があるということはわかっていても，少なくとも現代の日本においては，20歳以上であれば，煙草を購入して喫煙することは合法だ。もちろん，その前提には非喫煙者を含めた周囲に迷惑をかけないということがあるのは当然のことである。

　2013年（平成25年）7月，宮崎駿監督によるアニメーション映画『風立ちぬ』

が公開された。大正から昭和へと変わる1920年代に，飛行機の設計に人生を賭けた実在の人物・堀越二郎の半生をモデルに描いた映画である。興業収入は120.2億円に達し，同年の邦画興業収入１位を記録した。この映画に対してNPO法人日本禁煙学会が，映画そのものの内容は評価しながらも，「喫煙シーンに問題がある」という要望書を提出した。「我が国を含む177か国以上が批准している『タバコ規制枠組み条約』の13条であらゆるメディアによるタバコ広告・宣伝を禁止」している条約に違反しているというものである。これに対して，愛煙家による喫煙文化研究会という団体からは，憲法に保障された「表現の自由」と「自国の国民同士がいがみ合うことなく，喫煙者と非喫煙者が共生できる『分煙社会』を実現するべき」という見解が出された。本稿では，この問題に関して，どちらが良い悪いということが主題ではない。確かにこの映画には，最近の映画としては珍しく喫煙シーンが多く描かれていた。ただ，この時代を忠実に描くとするなら，そんなに不自然なことではないのではないだろうか。もちろんこの映画の時代を生きてはいないので断定はできないが，筆者の記憶にある昭和40年代を思い起こしても，大人（特に男性）のほとんどは喫煙者であった。バスや電車内を除けばいたる所で煙草を吸っている光景を見かけたものだ。**図表４－２**は日本における1965年（昭和40年）以降の，成人の喫煙率推移である。これによると，1965年の男性はなんと82.3％が喫煙者であった。

　昔の映画を観れば，邦画，洋画問わず，喫煙シーンは頻繁に出てくる。しかし，喫煙シーンが多いからといって，それが「タバコ広告・宣伝」になるのであろうか。そもそも，そういった観点から見ると，すべての芸術作品が存在できないようにも思える。健康のために禁煙を勧めることにはまったく異論はないが，あまりに極端な方向に走ってしまうことがやや気になるのである。2013年（平成25年）の成人喫煙率は男性32.2％，女性10.5％で，今や喫煙者は明らかに少数派となった（**図表４－２**）。喫煙者に対する昨今の状況のことを"禁煙ファシズム"などという人もいる。禁煙に限らず，今，日本中を覆っているように感じるファシズム的な空気感，少数意見や，他者をあまり認めようとせず極端な方向に向かうような傾向は好ましいことではないであろう。

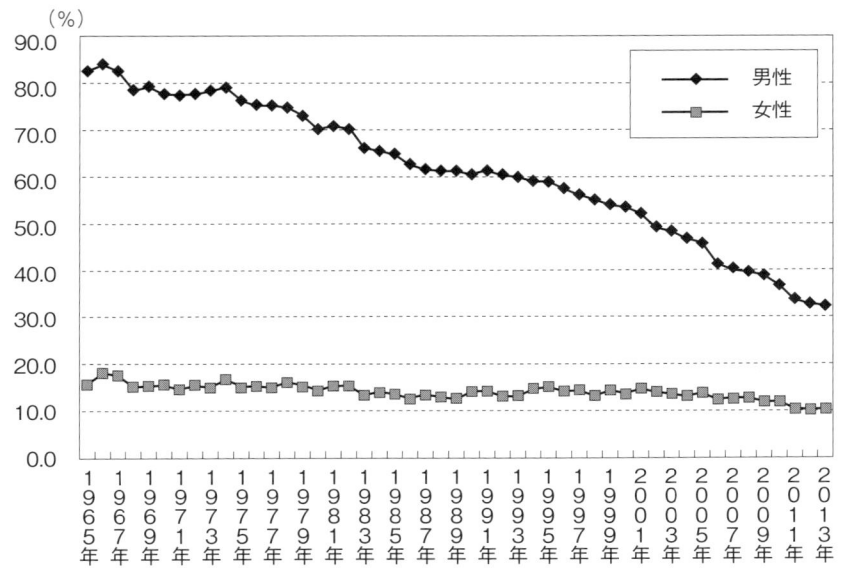

第 4 章　他者理解のための「ホスピタリティ人財」育成の必要性について

図表4-2　成人喫煙率の推移

出所：インターネット資料[3]を参照し筆者作成。

2.3　コミュニケーション能力の欠如

　最近，若者を中心として，他者を思いやる気持ちが欠落しているように感じるのは，コミュニケーション能力が低下しているためとはいえないだろうか。公共の場所であるはずの，通勤通学の乗客で混雑する電車内で物を食べたり化粧をしたりすることは，同乗者に迷惑をかけている場合が少なからずある。たとえ他人に迷惑をかけていなかったとしても，一般的に考えればおかしい行為である。たとえば，化粧は人の見ていないところで，身だしなみを整えるために行う行為であったはずだ。そう考えると，自分をよく見せたい，あるいはよく見てもらいたいと思う特定の相手以外は，まったく「存在しないもの」と考えているわけである。彼らにとっては，自分の部屋も公共交通機関も同じ空間であり，結局，自分しか見えていない，つまり他者が見えていないということだ。これには，少なからず携帯電話やインターネットといったものが影響しているという考えもある。吉良は，「インターネットやモバ

イルが個々の部屋に存在するようになったおかげで,『お茶の間』という家族間のコミュニケーションの機会は失われはじめた。『お茶の間文化』から『個室の文化』へ大きく変革した[13]」と分析している。いわゆる「『個室の文化』によって,これまでの『みんな』という概念が薄くなり,『個』という概念が強まりはじめた。言い換えれば,『私の文化』が生まれたといってもいいだろう[14]」としている。そんな「個室の文化」の広がりは,空間的な広がりの意識も生んでしまったというと飛躍しすぎであろうか。彼らにとってはどこまでも「自分の部屋」なのであろう。同時に吉良は,ネットは最強のメディアであるとしながらも,「だからこそ,真剣に負の部分について考えなければいけない」という。「自分自身にアイデアもないのに,ただ他人を誹謗中傷する。そんな卑怯なことがまかり通る社会はおかしい」と論じている[15]。

　また,携帯電話の普及はどうであろうか。携帯電話は1対1のコミュニケーションである。携帯電話であれば,電話がかかってきた場合でも出たくない相手には出ないという選択ができる。ところが,一家に1台の黒電話の時代は,出てみないことには誰からの電話かわからない。また,こちらから電話をかける場合でも,自分が話したい相手以外が最初に出る場合もある。筆者の学生時代はまだ携帯電話がなかったので経験があるが,友人の家に電話をすれば,まず親が出たものである。コミュニケーション・ツール1つとっても,かつては「個」ではなかった。これらのことは,IT（Information Technology）に代表されるテクノロジーの発達だけではなく,核家族化が進んだことで,日本のライフスタイルが変化したこととも関係している。平川は「ライフスタイルの変化は,家族の性格というものまでも変えてゆく契機となった[16]」としている。つまり「高度経済成長と民主化の進展は,ここにいたって日本の伝統的家族構造である,家父長制,長子相続といったことまで変容させていくことになった[17]」ということである。家族の形体が変わっていったのは,同時にコミュニケーションをあまり取ることをしなくても生活していける社会に変化していったためともいえる。

　現代社会において自分しか見えていないのは,なにも若者に限ったことではない。たとえば,電車内で携帯電話をマナーモードにせず着信音を鳴らしているのは中高年齢者にも多い。老若男女を問わず,相変わらず"歩きスマ

ホ"もなくならない。"歩きスマホ"をする人は，自分では普通に歩いているつもりでも，実際には周囲とのペースが違い，かなり迷惑をかけていることに気づいていない。また，「こちらはスマホを見ながら歩いているのだから，そちらがよけるべき」といわんばかりの身勝手な歩き方も，明らかにおかしい。まったく他者が見えておらず，自己中心的に生きているのが，残念ながら現代の日本社会なのである。

3. 他者を否定する空気について
3.1 「ホスピタリティ人財[18]」の育成

では，この他者を理解できないどころか，他者を否定するところまで行ってしまう風潮をどうしたら止められるのだろうか。そこで重要になってくるのが，ホスピタリティ教育であると考える。現在，学問としてのホスピタリティの分野は，大学や大学院における経営学や観光学の分野で研究されていることが多い。あるいは大学や短期大学，専門学校における観光関連の学部やコース，学科を中心に実務教育として行われている例も多く見受けられる[19]。このホスピタリティ教育を，義務教育や高校教育の時点から導入して，ホスピタリティ人財を育成していくことはできないだろうか。すなわち「主体が自律的にアイデンティティの獲得を目指して自己を鍛え自己を発信しながら，他者を受け容れ交流して，信頼関係づくりを行い互いに補完し合って社会の発展に貢献する価値を共創する活動である[20]」と定義されるホスピタリティの考え方を，義務教育や高校教育に活用していくということである。実際，成人してからでは，頭では理解できてもそれを実行に移すことが困難な人も多い。まだ頭が柔軟なうちからそういった考え方を学んでいくことが，将来の日本のためにもなると考える。

一部の私立中高一貫校等では，教育方針の１つに「ホスピタリティ教育」を掲げ，実際に取り組んでいる例はあるようだ。また，2014年度（平成26年度）からは，北海道教育委員会が道内の公立小中学校において「ホスピタリティ（おもてなし）教育」をはじめると北海道新聞が報道した。同紙によれば，「東京五輪招致活動でも注目を集めた『おもてなし』について，地域学習や観光

図表4-3 ホスピタリティ人財が実践すべき領域

(1)「自己」の領域	自己傾注力
自己の想いや考えを整理してまとめ，関係者に発信して問い直して，活動の意味を形成する領域。	
(2)「親交」の領域	親交促進力
視野を広げて組織内外の関係者と親しく相互交流して，自己の想いや考えを問い直すとともに共感性を高め広げる領域。	
(3)「達成」の領域	達成推進力
成果に直接的に関係する課題・目標，ならびに達成のための方策を組み立て，資源を動員し達成推進して，成果を獲得してゆく領域。	

出所：参考文献[10]の284頁を引用し適用して，筆者が再構成した。

案内の実践などを通じて学ぶ。思いやりの心や郷土愛を育むのが狙い」としている。ホスピタリティ教育の内容としては，「①地域の文化や自然，歴史の学習②あいさつやマナー，情報発信スキルの習得③観光案内や特産品販売で実践」といったものが想定されている[21]。取り組み自体はすばらしいことだとは思うが，やはりここでも「おもてなし」＝「ホスピタリティ」とされている。はたして郷土愛とホスピタリティが結びつくのかは別としても，思いやりの心を身につけることは良いことであろう。吉原は，「関係者の相互関係を重視し相互成長を目的とする『ホスピタリティ』を実践し具現化する人財（Human Resource）」を「ホスピタリティ人財」と呼称しているが[22]，育ってほしいのは，おもてなしのスキルではなく，まさに「ホスピタリティ人財」である。**図表4－3**は，その具現化すべき領域をまとめたものである。ここに示されている領域は，組織におけるマネジメントの観点からまとめられたものであるが，ここでいう「組織」はそのまま「社会」に置き換えることができる。特に（2）「親交」の領域は，まさに社会における相互理解と考えることができ，現代社会において，いかに「ホスピタリティ人財」が必要とされているかが理解できるものである。「ホスピタリティ」＝「おもてなし」という概念だけでなく，「活私利他」[23]の精神を学ばせるべきであろう。

3.2 自分の軸を持つということ

　2020年（平成32年）に，東京でオリンピック・パラリンピックが開催されることが決定した。夏のオリンピックが日本で開催されるのは，1964年（昭和39年）以来，2度目となる。1964年の東京オリンピック開催時は，終戦からわずか19年後のことであった。日本もまだ若く，外国に行ったことがある日本人も現在とは比較にならないほど少なかった。この年，海外旅行が自由化されたが，同年の日本人海外旅行者はわずか221,309人で，日本に来た外国人旅行者も273,551人に過ぎなかった（**図表4−4**）。

　時代は高度経済成長期，東京中で，あるいは日本中で，なんとかオリンピックを成功させよう，世界に対して恥ずかしくない日本を見せようと，みんなが必死であったと思う。あれから50年となる。実際に2020年の東京オリンピックが行われる時点では，前回の東京大会から数えて56年後だ。半世紀以上が経過し，当時とは日本人の心持ちが，その環境の変化とともにだいぶ変わってしまっていることは否めない。

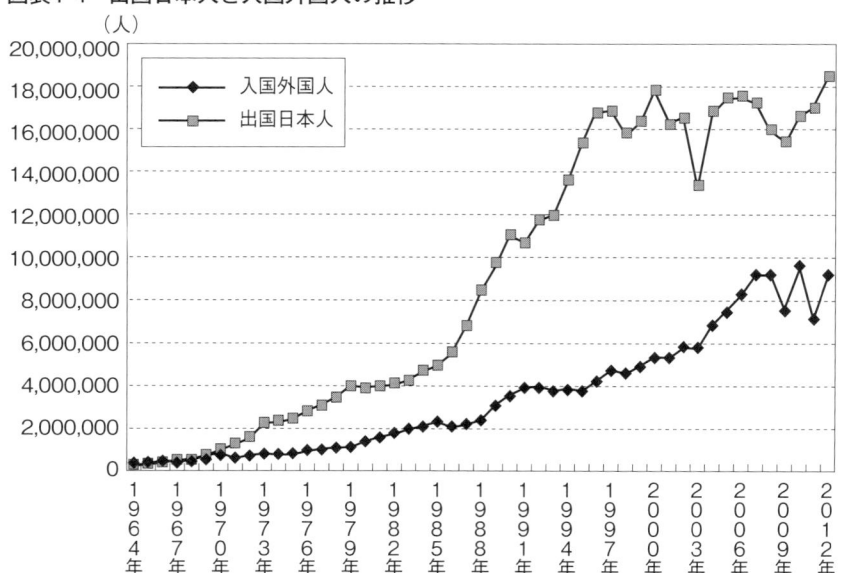

図表4-4　出国日本人と入国外国人の推移

出所：インターネット資料[1]を参照し筆者作成。

「グローバル化」という言葉が，流行語のように使われている現代で，今こそ必要なことは，日本人一人ひとりが「自分の軸を持つ」ということではないだろうか。確かに，1964年当時よりは，日本人と外国人との交流は増えた。今や，老若男女，誰もが気軽に海外に出かけている。2012年（平成24年）の日本人海外旅行者は18,490,657人で，実に1964年と比較して1,800万人以上増え，日本に来た外国人旅行者も9,172,146人でこちらも889万人以上増えている（**図表4－4**）。しかし，どれだけ外国や外国人との交流が増えたとしても，日本人一人ひとりが「自己」の領域を鍛え，自分の意見を持つことができるようになっているかは，はなはだ疑問である。これは外国語が話せるとか理解できるとかいう問題ではない。核家族化が進み，ライフスタイルだけは洋風に変わって来たが，変わったのはスタイルだけともいえる。土居は「従来日本では人情よりも義理，個人よりも集団が重んじられてきた」としている。「集団はもともと大きな心の支えであり，集団から離反して孤立することはそれこそ自分をなくすことであり，それを耐えられないことと感ずる[24]」ということである。それはすなわち「自分がない」ということであり，そのことは現代の日本人にもいえることではないだろうか。今こそ，「ホスピタリティ概念[25]」に基づく教育を，自分の軸を作るために活用していく必要性がある。①自律性，②交流性，③対等性，という「ホスピタリティ概念」における3つのキーワードを通して，①人と対等に交流する教育，②自分の意見を発信する教育，③人の意見を受け容れる教育，という形で展開していくことは可能なはずだ。

4. おわりに

　冒頭に記した，日本をなんとなく覆っているように感じる全体主義的な空気。この「空気」というものが実はある意味厄介な代物である。山本はかつてこの「空気」に着目し，「空気」は「対象への一方的な感情移入による自己と対象との一体化であり，対象への分析を拒否する心的態度である[26]」と論じた。そして，その「空気」には，「水を差す」という行為が必要であるとしている。すなわち「戦後の一時期われわれが盛んに口にした『自由』とは何であったか」「そ

れは『水を差す自由』の意味であり，これがなかったために，日本はあの破滅を招いたという反省である」。そして「われわれは今でも『水を差す自由』を確保しておかないと大変なことになる」[27]と論じている。

　相互作用であるホスピタリティ力は，「ホスピタリティ概念」に基づく教育を行うことによって，子どものころからそれを身に付けさせることができるはずである。それを身に付けることによって，自己のみならず他者のことも理解することができる。その結果，自分の頭で考えることができるように，さらには「自分の軸」を持てるようになってほしい。たとえ少数派であっても，不穏な空気には堂々と水を差す勇気を持てるようになってほしい。同時に，堂々と水を差すことのできる世の中を作っていくことも重要である。それらはホスピタリティ概念の推進者に課せられた急務である。

［注］
 1）参考文献［11］の10頁を引用し適用した。
 2）参考文献［11］の13頁を引用し適用した。
 3）インターネット資料［7］を参照。
 4）参考文献［13］の45頁を引用し適用した。
 5）インターネット資料［4］を参照。
 6）参考文献［1］を参照。
 7）参考文献［11］の12頁を引用し適用した。
 8）参考文献［11］の13頁を引用し適用した。
 9）参考文献［2］を参照。
10）インターネット資料［5］を参照。
11）インターネット資料［2］を参照。
12）参考文献［7］36-37頁を参照。大倉の研究によれば，車内で化粧をする女性は，戦前から見受けられていたが，当時から批判の目を向ける人はいた。
13）参考文献［6］の140頁を引用し適用した。
14）同上。
15）参考文献［6］の142頁を引用し適用した。
16）参考文献［4］の87頁を引用し適用した。
17）参考文献［4］の88頁を引用し適用した。
18）参考文献［10］を参照。
19）参考文献［8］を参照。
20）吉原によるホスピタリティの定義である。（本書第1章第6節を引用し適用した。）

21）参考文献［5］を引用し適用した．
22）参考文献［10］282-289頁を引用し適用した．
23）参考文献［12］を参照。吉原は「ホストが『心を働かせる頭脳労働』を活性化しゲストに感動や感銘の場を提供することで，ゲストが期待や満足を超えて潜在的に願望している価値，また思わぬ価値（未知価値）を認知し共有して，ゲストとホスト双方が喜び合う」ということが「『活私利他』による相互成長」に繋がるとしている。（本書の第2章第5節を参照のこと。）
24）参考文献［3］の163頁を引用し適用した．
25）参考文献［11］の9-16頁を参照。
26）参考文献［9］の154頁を参照。
27）参考文献［9］の170-171頁を参照。

［参考文献］
［1］朝日新聞2013年（平成25年）10月16日朝刊。
［2］朝日新聞2014年（平成26年）1月29日朝刊。
［3］土居健郎（1971）『「甘え」の構造』弘文堂。
［4］平川克美（2010）『移行期的混乱』筑摩書房。
［5］北海道新聞2014年（平成26年）1月7日朝刊。
［6］吉良俊彦（2007）『ターゲットメディア・トルネード』宣伝会議。
［7］大倉幸弘（2013）『「昔はよかった」と言うけれど』新評論。
［8］辻三千代・齋藤雄二（2009）「ホスピタリティ実践教育へのアプローチ—観光・国際コースにおけるホスピタリティ教育プログラムの開発—」『自由が丘産能短期大学紀要』第42号，61-93頁，自由号が丘産能短期大学。
［9］山本七平（1983）『「空気」の研究』文藝春秋（＝1977文藝春秋）。
［10］吉原敬典（2001）「ホスピタリティを具現化する人財に関する一考察」『長崎国際大学論叢』第1巻（創刊号），281-290頁，長崎国際大学研究センター。
［11］吉原敬典（2011）『ホスピタリティ・リーダーシップ（第3刷）』白桃書房。
［12］吉原敬典（2013）「ホスピタリティマネジメント」『立教大学大学院ビジネスデザイン研究科・日経BizアカデミーMBA Intensive講座』立教大学。
［13］Annick Le Guerer, *Les Pouvoirs de L'Odeur*, Paris: François Bourin, 1988. ＝アニック・ル・ゲレ著，今泉敦子訳（2000）『匂いの魔力』工作舎。

［インターネット資料］
［1］法務省入国管理局ホームページ「出入国管理統計表」
http://www.moj.go.jp/housei/toukei/toukei_ichiran_nyukan.html
（2014年2月11日閲覧）
［2］喫煙文化研究会2013年8月15日プレスリリース

　　　　http://aienka.jp/info/（2014 年 2 月 9 日閲覧）
［3］厚生労働省ホームページ「最新たばこ情報」（日本専売公社，日本たばこ産業株式会社による調査より）　http://www.health-net.or.jp/tobacco/product/pd090000.html（2014 年 2 月 9 日閲覧）
［4］公益社団法人　日本アロマ環境協会（AEAJ）「アロマ市場に関する調査レポート」2013 年 1 月 30 日プレスリリース
　　　　http://www.aromakankyo.or.jp/article/koho/1749/80_1749_1_0_130204041737.pdf
　　　（2014 年 2 月 9 日閲覧）
［5］特定非営利活動法人　日本禁煙学会「映画『風立ちぬ』でのタバコの扱いについて（要望）」http://www.nosmoke55.jp/action/1308kazetatinu.pdf（2014 年 2 月 9 日閲覧）
［6］日本石鹸洗剤工業会（JSDA）ホームページ「洗浄剤等の年間製品販売統計」
　　　　http://jsda.org/w/00_jsda/5toukei_1.htm（2014 年 2 月 15 日閲覧）
［7］立教大学ホームページ　卒業生のみなさんへ（2011 年度大学院学位授与式）
　　　　http://www.rikkyo.ac.jp/aboutus/philosophy/president/conferment/
　　　（2014 年 2 月 13 日閲覧）

第5章

喜びから喜びを！製造業における高年齢者雇用の取り組み[1)]

■ キーワード
製造業，組織の取り組み，相互歓喜

1. はじめに

　ここでは，まず本章における高年齢者を定義した後，ホスピタリティマネジメントが高年齢者雇用に有効であることを述べ，事例検討を通して何を明らかにしようとするかを示す。

1.1　本章における高年齢者

　我が国では，企業で働く従業員にとって「定年」はとりたてて耳慣れない言葉ではないだろう。しかし，定年に達する年齢とはいったい何歳のことをいうのであろうか。厚生労働省の調査結果より作成した**図表5－1**，及び**図表5－2**をもとに考えてみたい[2)]。この調査は，2013年1月1日現在の状況について，日本標準産業分類に基づく15大産業に属する常用従業員数30人以上の民営企業4,211社より有効回答を得ているため，わが国における定年についての現況が概括できると考えられる。

　まず，**図表5－1**より推測できることは，従業員の多寡にかかわらず多くの企業が一律定年制を実施しているということである。さらに，**図表5－2**から，一律定年制を実施している企業の中で，60歳を定年年齢と定めている企業が80％以上を占めていることがわかる。

　安西は，定年とは労働契約の終期を定めたものであり，従業員が定年年齢に達すると自動的に労働契約が終了し，従業員としての地位を失う制度であ

図表5-1　2013年従業員数別定年設置企業割合
(単位：%)

従業員数	全企業	定年設置		設置内訳		定年不設置
				一律定年	その他	
全体	100	93.3	(100)	(98.4)	(1.6)	6.7
1,000人以上	100	99.8	(100)	(98.2)	(1.9)	0.2
300～999人	100	99.4	(100)	(98.3)	(1.6)	0.6
100～299人	100	97.3	(100)	(99.4)	(0.6)	2.7
30～99人	100	91.5	(100)	(98.1)	(1.9)	8.5

注：(　)内の数値は，定年設置企業を100としたときの割合である。
出所：インターネット資料[3]より引用し適用して，筆者が再構成した。

図表5-2　2013年従業員数別一律定年設置企業の定年内訳割合
(単位：%)

従業員数	一律定年設置企業	60歳	61歳	62歳	63歳	64歳	65歳以上
全体	(98.4)	100	83.0	0.3	1.2	0.9	0.6	14.0
1,000人以上	(98.2)	100	92.7	0.6	0.2	1.7	0.1	4.8
300～999人	(98.3)	100	91.6	0.4	0.7	1.3	0.4	5.6
100～299人	(99.4)	100	88.7	0.6	1.0	0.9	0.6	8.3
30～99人	(98.1)	100	80.3	0.2	1.3	0.9	0.6	16.7

注：(　)内の数値は，定年設置企業のうち一律定年制を定めている企業の割合である。
出所：インターネット資料[3]より引用し適用して，筆者が再構成した。

ると述べている。[3] 定年がそのような機能を有する制度であるならば，60歳時点で多くの企業の従業員が，就労意欲の有無にかかわらず仕事を辞めなければならないことになる。

　しかし，長期の職業経験を積み，仕事を遂行するうえで有益な能力と就労意欲を有する従業員まで定年によって失うことは，企業経営にとって損失であるとも考えられる。そこで本章では，60歳以上の就労意欲のある者を高年齢者と定義し，企業における高年齢者雇用の取り組みについて事例を通し明らかにする。

1.2　ホスピタリティマネジメントの有効性

　従業員の多寡を問わず60歳一律定年制を多くの企業で実施していることは，先に述べた通りである。しかし，当然，定年年齢に達するとすべての従業員が仕事を辞めるわけではない。2006年，高年齢者等の雇用の安定等に関する法律（以下，高年齢者雇用安定法という）が企業に65歳までの雇用確保のため，①定年の引き上げ，②継続雇用制度の導入，③定年の廃止のいずれかを義務づけたのである。

　厚生労働省の調査によると，2007年1月1日現在で有効回答企業4,178社のうち90.2％は，雇用対象者を限定できる仕組みなど柔軟な対応ができる継続雇用制度を選択していることがわかる[4]。そのため，就労意欲ある高年齢者全員が継続雇用される状況にはなかった。

　しかし，2013年4月1日，高年齢者雇用安定法はこの雇用対象者を限定できる仕組みを原則廃止させ，段階的に希望者全員に対して65歳まで雇用確保措置を取ることを企業に義務づけたのである。

　この2013年における改正高年齢者雇用安定法の施行目的について笹島は，定年退職から公的年金支給までの高年齢者の無収入期間回避にあることを指摘している[5]。もちろん高年齢者の生活安定という目的の重要性はいうまでもない。しかし，そのような高年齢者側のみの利得が目的とされるならば，企業経営に負担を強いる印象のみを与え，高年齢者を積極的かつ有効に活用しようとする意欲が企業側に生まれないのではないだろうか。むしろ，高年齢者の雇用が企業経営にとっていかに利得となり得るかを明らかにすることが，企業による高年齢者の活用を促し，ひいては高年齢者の生活の安定に資することになろう。

　このように，高年齢者雇用について高年齢者と企業の相互利得を考えたとき，ホスピタリティマネジメントの視点が有効となろう。吉原は，「ホスピタリティマネジメントの目的とは，組織関係者が互いに成長し繁栄し共に幸福感をもたらすこと[6]」と述べている。つまり，相互繁栄や相互幸福を目的とするホスピタリティマネジメントは，関係者の一部のみへの偏った利得を想定していない。さらに吉原は，ホスピタリティマネジメントの目的実現のためには組織として，①礼儀やルールなどの土台となる前提条件の整備，②サ

ービス価値の創造と提供，③物的資源管理，④人的資源管理，⑤ホスピタリティ価値の創造と提供，⑥経営の方向づけとしての経営理念などの6つの取り組みを実践する必要があることを示唆している[7]。

確かに，高年齢者を企業経営に寄与する人材として生かすには企業側の取り組みを実践する必要はある。しかし，当該取り組みの実践を通し，高年齢者のみならず定年前の現役従業員や企業など関係者へも利得ひいては互いに成長し繁栄し共に幸福感をもたらす可能性が高いことも十分認識する必要があるだろう。

1.3　問題意識

第1章でも述べられた通り，我が国において「ホスピタリティ」は「おもてなし」などと同義と解されるため，観光，レジャー，交通，医療・介護，教育など対人接客サービスを提供するホスピタリティ産業に限定して重視される概念と捉えられがちではないだろうか。そのため，ホスピタリティマネジメントとは，ホスピタリティ産業における企業の外部顧客を意識したマネジメントと誤解される可能性もあるだろう。

しかし，吉原が指摘するように，ホスピタリティマネジメントの目的は組織に関係した者の相互成長・相互繁栄・相互幸福（以下，相互幸福等という）である[8]。ここから，ホスピタリティ産業のみに限定されず，あらゆる産業で，企業の外部顧客のみならず内部顧客にもホスピタリティマネジメントは実践可能なことが推測できる。

そこで，本章では，「ホスピタリティ」とは縁遠いと考えられがちであろう製造業に属する企業1社を事例とし，高年齢者を内部顧客として捉えて，まず高年齢者雇用につき当該企業は具体的にどのような取り組みを実践しているのかを明らかにする。そのうえで，先に述べた6つの取り組みの実践を通して，高年齢者，定年前の従業員，及び企業にどのような相互幸福等がもたらされているのかを具体的に明らかにする。

以上の2つを明らかにすることにより，高年齢者雇用においてホスピタリティマネジメントが高年齢者，現役従業員，及び企業の三者に有益であることを示唆するとともに，企業において高年齢者雇用の積極的な促進に寄与で

きるものと考えている。

2. 事例企業と分析

ここでは，事例企業の選択理由と企業概要を示した後，どのような資料に基づき，いかなる視点で分析を行うかについて述べる。

2.1 事例企業の選択

高年齢者を有効に活用している企業のなかから，株式会社加藤製作所（以下，加藤製作所という）を代表的な事例として選択することにした。岸田・加藤によれば，加藤製作所の高年齢者雇用は2001年春より始まったという[9]。高年齢者の活用においては10年以上の実績を持つため，当該企業を高年齢者雇用の代表的事例の1社と考えた。長期間にわたる高年齢者活用の実態を分析することにより得られた知見は，他の企業にも活用できる可能性が高いと考えたためである。

2.2 事例企業の概要

加藤製作所の企業概要は，図表5-3に示す通りである。

加藤製作所は，1枚の金属板に圧力を加え容器形状にする絞り技術を特に

図表5-3 加藤製作所の企業概要[10]

本社所在地	岐阜県中津川市
代表取締役社長	加藤景司
業種	家庭電器具部品，自動車部品，騒音防止機器等製造業
資本金	2,000万円
設立	昭和29年5月
全従業員数	107名
60歳以上の従業員	50名（全従業員に占める割合47％）
定年	60歳
定年後の雇用形態	パートタイマー（ワークシェアリングが前提）
定年後の雇用期間	70歳から5年間のうちで高年齢者が任意に退職時期を決定
60歳以降の中途採用	あり（原則は前職不問）

得意とする，プレス板金部品の総合加工企業である。加藤によれば，カントリーリスクや製品品質の維持・向上の面，及び社員の幸福の面から創業の地である中津川市を生産拠点と考えているため，海外生産については現時点では視野に入れていないという[11]。それだけに，地域において人材を確保し，教育し，能力を向上させ，活用することが重要となろう。

それでは，高年齢者雇用についてどのような特色があるのだろうか。まず，全従業員の半数近くが高年齢者で占められていることがわかる。さらに，外部労働市場より，前職不問で中途採用を実施し，長期的視点に立って雇用を考えていることが推測される。また，地域において高年齢者の働く場を提供するため，ワークシェアリングを前提に雇用形態はパートタイマーとしている。

短期的な雇用と考えがちな高年齢者雇用を長期視点で考えていることから，加藤製作所における高年齢者（以下，シルバー社員という）活用は定年前の従業員（以下，現役社員という），及び企業へも何らかの利得をもたらしていることが推測できるところである。

2.3　分析資料と分析視点

本章では，まず，2013年8月18日に加藤製作所の会議室にて実施した代表取締役社長と筆者とのインタヴュー内容を逐語記録としたフィールドノートを分析資料として使用した[12]。本来，このインタヴュー調査はシルバー社員と現役社員の良好な人間関係が，組織関係者にどのような有益な作用をもたらすかを明らかにするために実施したものである。組織関係者への有益な作用という点において，組織関係者の相互幸福等を目的とするホスピタリティマネジメントと近似しているため，インタヴュー記録を一次資料として活用できると考えたのである。

次に，二次資料として社長である加藤の著書『「意欲ある人，求めます。ただし60歳以上」』と加藤製作所のホームページを分析した[13]。これらの二次資料にも，加藤製作所の高年齢者雇用についての具体的な取り組みや経営理念などが記述されているため有益な資料と考えたからである。

最後に，使用する一次資料と二次資料をどのような視点で分析するかを**図表5－4**に示した。

第Ⅱ部　事例研究編

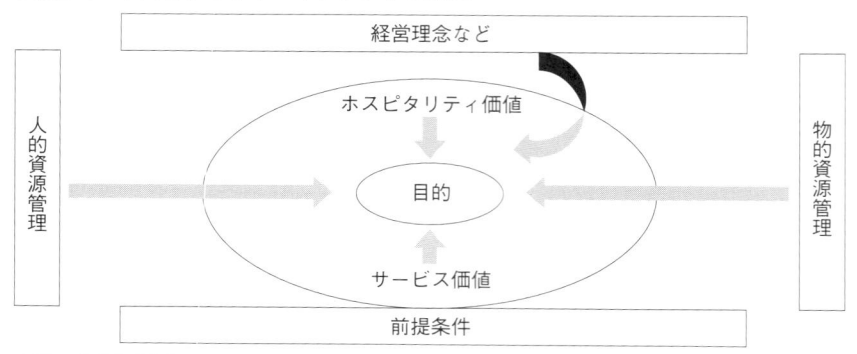

図表5-4　ホスピタリティマネジメントの構造

出所：参考文献[6]の図4を引用し適用して，筆者が再構成した。

　ホスピタリティマネジメントの目的が組織関係者に相互幸福等をもたらすこととするならば，加藤製作所における高年齢者雇用の目的を「シルバー社員を活用することにより，シルバー社員，現役社員，及び企業に相互幸福等をもたらすこと」として具体的に考える。

　この目的を達成するための取り組みは**図表5－4**の通り，①前提条件，②サービス価値，③物的資源管理，④人的資源管理，⑤ホスピタリティ価値，⑥経営理念などの6つである。加藤製作所が実施している高年齢者雇用の取り組みをこの6つの視点で具体的に明らかにし，もたらされる相互幸福等とは何かを具体的に示唆する。

3. 具体的取り組みと相互幸福等の実現

　ここでは，事例企業が行っている高年齢者雇用についての具体的取り組みを明示するとともに，もたらされる相互幸福等とは何かを述べる。

3.1　前提条件

　加藤製作所において，シルバー社員が活躍するに当たり，前提条件として主な取り組みを3つ提示することができる。

第一に，シルバー社員に，部下などを持たせず，担当作業に責任を持って専念できるサポーターという役割を設定し，その役割を全社員に明確にしている。これは，シルバー社員を法律上の義務感や福祉的な視点で雇用しているわけではないことを全社員に認識させる意味を持つ。

　第二に，シルバー社員を年齢的な視点で特別扱いせず，多様な年代層が同一チームや同一職場で働くことを重視していることである。これは，シルバー社員と現役社員の一体感醸成に寄与している。

　第三に，人生の先輩として敬意をもってシルバー社員に接し，言葉遣いに十分気をつけるよう現役社員への理解に努めている。60歳以上の就労意欲が高い高年齢者を前職不問で採用するため教育指導が必要となる。当該指導の際や，特に不良品発生の原因解明の際において，指導者や上司などが苛立った感情を言動に出せば，シルバー社員の就労意欲を阻害すると考えられるからである。

　以上の3つは，シルバー社員と現役社員が職場において仕事を通し，対等に交流することを促進し，多様な年代間で相互理解の深化と相互協力の強化に寄与すると考えられる。社長である加藤は「高年齢者が長く勤務し，辞めないためには，多様な年代が相互に協力できる風土を創ることが大切。相互協力の風土があれば，シルバー社員はいつまでも活躍できる」と，筆者とのインタヴューで語っている。

3.2　サービス価値

　シルバー社員が少しでも早く担当業務を誤りなく効率的に遂行し，目標生産量を達成するとともに，仕事に対する自信や誇りを持ち，現役社員から仕事上の信頼を得るために組織として工夫する必要がある。その工夫を，以下の3つに見ることができる。

　第一は，シルバー社員には，最初から難しい作業を任せるのではなく，徐々にステップアップしてもらうことを念頭に置いている。シルバー社員は多様な業界において職業経験が長いため，仕事への責任感も強い。そのため，難度が高い仕事をいきなり任せて誤りを頻発すれば，責任感を感じ離職する可能性もある。シルバー社員の定着と長期雇用を前提にすれば適切な取り組み

と考えられる。

　第二に，シルバー社員の体力面を考慮し，なるべく段取り替えをせずに一定の作業ができるよう，作業計画を立てている。これは，体力面のみならず，一定の作業を何度も繰り返すことによりシルバー社員が身体で担当業務を習得できるように工夫した取り組みとも考えられる。

　第三に，現役社員がシルバー社員に仕事を教える際は，写真や図解，注意点などが記載されているシルバー社員用に作成された作業手順書などを使用し，材料への手の添え方，金槌の打ち方などを丁寧に指導し作業感覚をつかませている。さらに，機械操作を間違えないよう，絵看板なども取り付けている。シルバー社員との双方向コミュニケーションを重視し，シルバー社員の立場に立って手順書などを整備するからこそ，この取り組みは功を奏するのであろう。

　このような取り組みとシルバー社員の仕事に対する意欲や真摯な姿勢が，取引先を満足させる製品の生産に寄与していると考えられる。

3.3　物的資源管理

　シルバー社員を雇用するに当たり，人に合わせた作業環境を整備している。工場内には，冷暖房装置を設置し，より明るい作業環境に改善するためJIS標準を超える照度を保持できるよう照明器具を交換した。また，より安全・安心で確実に作業ができ，身体的にも精神的にも負荷がかからないように，製造機器も見直し，必要なものを買い替え，必要があれば改良した。さらに，同一製品を製造する工程を隣接させるためライン作業の流れを見直し，改善している。

　作業環境以外にも，休憩室の一部を畳敷きにしてくつろげるスペースを設置し，マッサージチェアも導入している。

　製造業の現場において高年齢者雇用を実施する場合，バリアフリー化が重要であるとの認識はあったという。そのため，実際に就労しているシルバー社員と双方向のコミュニケーションを促進し，ニーズを企業側が理解しながら作業環境の改善などを進めている。以上から，シルバー社員が活躍するための作業環境の整備は，企業側の一方的な考えだけでは実現できず，むしろ企業側がシルバー社員の要望をでき得る限り反映させることにより，その実

現が可能になることがわかる。

3.4 人的資源管理

加藤製作所では，60歳以上の高年齢者も採用し活用しているため，人的資源管理は重要となろう。そこで，その主な取り組みを以下に3つ示す。

第一に，高年齢者をシルバー社員として採用するに当たり，スキル，専門知識，製造業での職業経験などを問わず，人柄を重視している。特に，朗らかで明るい人は，自分はもとより他人をも幸せにする力があると考え，共に働く仲間として迎え入れようとする傾向がある。社長である加藤は「シルバー社員は自己中心的なところがあまりなく，職場内の人間関係で多少何かあってもうまく対応できる」と，筆者とのインタヴューで語っている。

これは，職場の人間関係の中に自ら溶け込むことができる高年齢者を重視した採用を行っているとも考えられる。

第二に，現役社員と同等にシルバー社員にも社員教育を実施している。加藤製作所における社員教育の特色は，「駒場村塾」と「かじや学校」である。「駒場村塾」では，職業人としての礼儀やマナーから経営計画，経営哲学，経営理念などの理解まで加藤製作所に相応しい社員として成長するための集合教育が実施されている。また，「かじや学校」では社員が担当する職務と関連する知識やスキルを習得し，職業能力を向上させるために，座学と実技を中心に技術習得教育が実施されている。ここから，シルバー社員も現役社員と同じように，将来性がある人材として企業側が認識していることが推測できる。

第三に，シルバー社員がそれぞれ持っている価値や得手を引き出すために，適材適所に努めていることである。さらに，社長である加藤は，現役社員と同じようにシルバー社員にも一人ひとりと定期的に面接を実施し，仕事上そして仕事以外の状況について話を聴く機会を大切にしている。ここから，シルバー社員も加藤製作所にとって重要な人材であり，戦力として考えていることが推測できる。

以上，3つの取り組みから，シルバー社員の雇用を長期的な視点で企業側が考え，人材として育成し有効に活用していることがわかる。社長である加藤は「高年齢者だから忙しいときだけの手伝いという，企業側だけの都合の

よい雇用は考えていない。20年，30年とはいかないが，少なくとも3年から10年程度の雇用期間を前提に考えている」と，筆者とのインタヴューで語っている。

3.5 ホスピタリティ価値

　加藤製作所がシルバー社員を募集する以前は，就労を希望する高年齢者は多い一方，求人が極めて少ない状況であったという。そのため，60歳以上のシルバー社員を朝刊折り込み広告により初めて募集した2001年2月22日は，朝7時から問い合わせの電話が殺到し，応募申込書の意見記入欄には，働ける場の提供に関して，多数の歓喜のコメントが記載されていたとのことである。

　以上から，吉原のいう，期待はしていないが潜在的に願望していた願望価値が実現したと考えられる[14]。つまり，望んではいたが期待していなかった就労機会が加藤製作所により提供されたことにより，高年齢者に歓喜をもたらしたのである。

　現在においても，高年齢者は，働くことそのものに喜びを感じるため，異職種であっても同一賃金額を設定している。さらに，より多くの高年齢者が働くことができる場を提供するため，ワークシェアリングの考え方を重視している。

　シルバー社員は，根気があり，自分なりに工夫しながら担当業務を習得していく。さらに，シルバー社員の真摯な仕事姿勢に好感を持った現役社員の協力や支援が行われるという。このような中で，今までできなかった仕事ができるようになったとき，それはシルバー社員の自信になるのである。さらに，社長の加藤をはじめ現役社員は，仕事ができるようになった事実に素早く気づき，その事実についてシルバー社員に言葉でほめて認めることを実践している。仕事に対する自らの自信と他者からほめられ，認められ，責任ある仕事を担当することを通し，シルバー社員は他者のために役立つ喜びを感じ，自己の職場における存在意義を認識するのである。そして，新たな仕事への挑戦に結びつくという。加藤によれば，多くの高年齢者は未経験分野にも挑戦意欲があり，好奇心は若者以上に旺盛なため，高年齢者は未経験の仕事に従事することを嫌がるという型にはまったイメージを修正してもよいの

ではないかと述べている。[15]

　以上から，吉原のいう，まったく考えていなかった感動を与えさらに新たな仕事に挑戦する意欲を生み出す，未知価値が実現したと考えられる。[16] つまり，当初高年齢者が潜在的に願望していた就労の実現はシルバー社員に働くことの歓喜をもたらすとともに，シルバー社員が担当業務を完遂することを通し，他者から認められ，他者の役に立つことから湧き上がる歓喜という当初考えもしなかった感動をもたらしている。すなわちこれが未知価値の実現である。未知価値の実現によりもたらされた歓喜はシルバー社員の新たな仕事への挑戦意欲へと繋がっていくと考えられる。

3.6　経営理念など

　加藤製作所のホームページによれば，経営理念は「喜びから喜びを」である。[17] さらに，この経営理念はホームページによれば，「人が幸せになるために，会社があります。幸せには自分自身を喜ばせる幸せと自分以外の人を喜ばせる幸せの2つがあります。私たちは仕事を通じて社員とその家族，協力会社，お客様そして多くの皆さんの喜びを私たちの喜びとする，そんな会社を創りましょう」という志を表現している。[18]

　この加藤製作所の志を表す経営理念は，ホスピタリティマネジメントの目的である組織関係者の相互幸福等と同質と考えてよいだろう。

　当然，この経営理念はシルバー社員が明るく，元気に，楽しく幸せに働けるようにするために，前提条件，サービス価値，物的資源管理，人的資源管理，ホスピタリティ価値などにおける具体的な取り組みに反映されていることは今までに述べてきた通りである。

　加藤は，常に笑顔で前向きに他者の喜びのために働くシルバー社員は経営理念の実践者でもあると述べている。[19]

　まさしく，加藤製作所がシルバー社員に働くことができる幸せをもたらすことを通して，シルバー社員が他者の喜びのために働く状況は，高年齢者雇用におけるホスピタリティマネジメントの具現化と考えてよいだろう。

3.7 もたらされる相互幸福等

　加藤製作所における高年齢者雇用の取り組みから，どのような相互幸福等がもたらされるのであろうか。

　まず，シルバー社員にもたらされる相互幸福等は，働くことそのものの喜びである。確かに，働くことにより給与を得るという経済的な利得はあるが，それ以上に，適度な緊張感の中で自信を持って仕事を行い他者から信頼されることにより，シルバー社員自身が自己の存在価値を認識し他者の役に立つことに喜びを感じるという。

　また，加藤によれば，病気になったシルバー社員は，職場に復帰して働きたいという意欲があれば，治癒力が強化されるのではないかと述べている[20]。すでに病気を乗り越え，職場に復帰し，病気になる前以上に元気に働いているシルバー社員がいるとのことである。これは，家庭を中心とした生活と適度な緊張感の中で他者と交流しながら仕事をする職業生活とのバランスが，シルバー社員にとっては心身の健康を維持するうえで重要であることを示唆しているともいえる。このように，働くことは，シルバー社員に健康であることの喜びをも，もたらしてもいるのである。

　次に，現役社員にもたらされる相互幸福等とは何であろうか。第一に，シルバー社員が働きやすくなるような環境整備は，現役社員にとってより働きやすい環境を整備することにもなった。そのため，より安全・安心に効率的に働くことの喜びをもたらしたといえる。

　第二に，シルバー社員を雇用することにより現役社員の負荷が軽減され，仕事とプライベートの充実をもたらしている。また，現役社員が定年を迎えた後も，長期に働くことができるという雇用に対する安心感や信頼感をもたらしている。

　第三に，シルバー社員が責任と誇りを持って生きいきと働く姿は，特に若手社員のロールモデルとなることがインタヴューから明らかになった。シルバー社員との職場での交流を通し，若手社員は自らのキャリアを長期的な視点で考え成長しようとする。さらに，シルバー社員は若手社員の仕事上の良き相談者となることもある。小山田は，高年齢者雇用のメリットの1つとして若手社員への教育的効果があることを指摘している[21]。まさしくこの指摘の

具体的一例が，加藤製作所に現れているといえよう。

　最後に加藤製作所という企業にもたらされる相互幸福等とは何であろうか。第一に，シルバー社員は働くことそのものに喜びを感じているため，昇給や賞与なしで，仕事の難易度にかかわらず同一賃金が実現でき，コストパフォーマンスに大きな効果をもたらしている。シルバー社員を雇用した初年度を例にとれば，シルバー社員15人分の総賃金額は，正社員の賃金額に換算すると1.3人分に相当するだけに，経営上大きな効果があったとのことである。

　第二に，シルバー社員が活躍する企業として多くのマスメディアが取材や報道を行ったため，全国的に企業名の認知度が高まったことである。さらに，加藤製作所の高年齢者雇用の取り組みは国内のみならず，海外マスメディアも注目するにいたっている。

　第三に，高年齢者へ働く場を提供した企業として地域へ社会貢献ができたことである。そのため，地域での加藤製作所についての評判はおおむね良いものと考えられる。筆者が中津川駅前よりタクシーに乗車し行先を告げると，乗務員は「あそこは，働きたい高年齢者を雇ってくれるありがたい会社ですよ」と誇らしげに話した。このような良い評判を第三者から直接聞いた取引先は加藤製作所への信頼感を少なからず高めるため，企業にとっては嬉しい効果が現れるとのことである。

　本来，取引先からの短納期や低コスト要求に対応するために開始した高年齢者雇用であった。この点でいえば，当初は会社側の利得を重視したといえるだろう。しかし，加藤製作所が，高年齢者雇用を意思決定した時点から，本気で高年齢者の活躍を高年齢者の立場に立って考え取り組んできたからこそ，組織関係者へ相互幸福等がもたらされたといえる。

4．おわりに

　ここでは，本章を終わるに当たり明らかになったことを結論として述べるとともに，今後の課題を提示する。

4.1 結論

本章では，ホスピタリティマネジメントの視点から，高年齢者雇用について加藤製作所を事例として，具体的な取り組みともたらされる相互幸福等を明らかにした。

第一に，前提条件として，シルバー社員の役割の明確化，高年齢者という理由のみで特別扱いをせず多様な年代が交流できるように職場に配置する，現役社員は敬意をもってシルバー社員に接するなどの取り組みが実施されている。

第二に，サービス価値の実現として，シルバー社員が効率的に自信を持って仕事ができるよう，難易度と体力を考慮した担当作業の割り振りやシルバー社員の立場に立った作業マニュアルの作成と整備が実施されている。

第三に，物的資源管理として，シルバー社員が安心・安全に作業ができるよう作業改善に取り組んでいることが明らかになった。

第四に，人的資源管理として，長期雇用を前提に，人柄重視で60歳以上の高年齢者を採用し，シルバー社員として現役社員と同等に社員教育を実施し，適性に合う仕事を担当するように努めていることが明らかになった。

第五に，ホスピタリティ価値の実現として，ワークシェアリングを重視した就労機会の提供と，シルバー社員の職場における存在価値の承認を実施している。

第六に，経営理念などが，高年齢者雇用の様々な取り組みに反映されていることも明らかになった。

以上6つの取り組みにより，以下の相互幸福等がもたらされている。

まず，シルバー社員には働くことの喜びと心身の健康保持ができる喜びがもたらされている。

次に，現役社員には安心・安全な作業環境，ワーク・ライフ・バランスの実現，若手社員にとっての良きロールモデルの存在がもたらされている。

最後に，加藤製作所にはコストパフォーマンスの効果，企業名について知名度の向上，地域への社会貢献を通して取引先との信頼強化への寄与がもたらされている。

以上から，加藤製作所の事例は，ホスピタリティマネジメントの視点から

高年齢者の立場に立って具体的取り組みを考え実施することが高年齢者の活躍に有効であり，高年齢者が職場で活躍することにより組織関係者に相互幸福等がもたらされることを示唆している。

4.2　今後の課題

　まず，シルバー社員が歓喜に満ちて仕事を行うためのホスピタリティ価値の創造と提供のための具体的取り組みに関して，本章で示したもの以外にも実施されていると推測される。その取り組みの結果としてもたらされる願望価値や未知価値についても，より具体的に調査する必要があるだろう。さらに，シルバー社員の活躍が現役社員や企業にいかなる願望価値や未知価値を創造し歓喜をもたらすかについても明らかにする必要があるだろう。つまり，ホスピタリティ価値からもたらされる相互歓喜という点では課題が残っている。

　以上の点は，今後，ホスピタリティマネジメントの視点から質的調査及び分析を実施する必要があるだろう。

[注]
1）記載した取り組みは，2013年8月18日までのものである。
2）インターネット資料［3］を参照。
3）参考文献［1］の244頁を参照。
4）インターネット資料［2］を参照。
5）参考文献［5］の8-18頁を参照。
6）参考文献［6］の17-28頁を引用し適用した。
7）同上。
8）同上。
9）参考文献［3］の87-94頁を参照。
10）記載した企業概要は，その内容につき2014年2月24日に代表取締役社長の確認を得ている。
11）参考文献［2］の152-153頁を参照。
12）半構造化インタヴューを実施したものを逐語記録として文字化しフィールドノートを作成した。筆者が準備した主な質問は，①多様な年代の社員が良い人間関係を構築するために企業側はどのような取り組みを実施しているのか，②高年齢者を雇用することにより企業や社員にもたらされるメリットは何か，などである。
13）参考文献［2］，及びインターネット資料［1］を二次資料として使用した。
14）参考文献［6］の17-28頁を参照。吉原は，「ホスピタリティ価値」と命名している。

15) 参考文献［2］の210頁を参照。
16) 参考文献［6］の17-18頁を参照。吉原は，「ホスピタリティ価値」と命名している。
17) インターネット資料［1］を参照。
18) 同上。
19) 参考文献［2］の48頁を参照。
20) 参考文献［2］の200頁を参照。
21) 参考文献［4］の9-22頁を参照。

［参考文献］
［1］安西愈（2013）『人事の法律常識』日本経済新聞出版社。
［2］加藤景司（2013）『「意欲ある人，求めます。ただし60歳以上」』PHP研究所。
［3］岸田泰則・加藤巌（2013）「『日本一の高齢者雇用企業』と称される㈱加藤製作所から学ぶ」『和光経済』第45巻第3号，和光大学社会経済研究所。
［4］小山田英一（1987）「"中小企業における高齢者雇用問題"―共同体の論理と能率の論理―」『人間科学研究』Vol. 9，文教大学。
［5］笹島芳雄（2013）『65歳定年実現のための人事・賃金制度』労働法令。
［6］吉原敬典（2012）「ホスピタリティマネジメントの構造に関する一考察」『目白大学経営学研究』第10号，目白大学。
［7］吉原敬典（2014）『ホスピタリティ・リーダーシップ（第4刷）』白桃書房。

［インターネット資料］
［1］加藤製作所ホームページ
　　http://www.katog.co.jp/index.html　（2014年2月9日閲覧）
［2］厚生労働省（2007）「平成19年就労条件総合調査結果の概況」
　　http://www.mhlw.go.jp/toukei/itiran/roudou/jikan/syurou/07/index.html
　　（2014年2月4日閲覧）
［3］厚生労働省（2013）「平成25年就労条件総合調査結果の概況」
　　http://www.mhlw.go.jp/toukei/itiran/roudou/jikan/syurou/13/
　　（2014年2月3日閲覧）

第6章
建材流通における
ホスピタリティマネジメントの実践

キーワード

建材流通，CRM，ホスピタリティ価値

1. はじめに

　一般的に「ホスピタリティ産業」というと，ディズニーランドを代表とするアミューズメント施設やホテル，旅館，レストランといったサービス業や接客業であろう。あるいは福祉や医療にかかわる看護師や介護師，福祉士といった仕事が連想される。しかしながら政府統計の日本標準産業分類上では「ホスピタリティ産業」という定義はない。戸籍のない業種であり業態である。あるいは定義するまでもなく，本質的にすべての産業に必要な概念とでもいえようか。いずれにしてもホスピタリティという概念をビジネスに紐付けるならば，広義に「人と接する機会のあるすべての仕事におけるヒューマニズムな行為」と解釈すべきであろう。

　しかし，ホスピタリティのイメージは「高級」「高貴」である。提供されるサービスも「ゆったり」とした時間軸で行われ，もっぱら予算と時間に余裕があるホワイトカラーやハイエンドな人々に提供されるものであるかの如く，高級レストランや，一流ホテルのラウンジを連想させる。アミューズメントの世界であれば「非日常での感動」となり，「特別な場所において特別なサービスの提供」という印象が拭えない。

　では，高級ホテルのドアマンでもなく，一流旅館の女将でもなく，身近で日々の暮らしに密着したコンビニやホームセンターなどの接客業ではホスピタリティマネジメントは適用できないのであろうか。そんな疑問が湧いてく

る。ホスピタリティが内包する意味としての人間の多様性や相互性，交流性，対等性[1]といった概念を理解すれば，ビジネス上だけではなく，人と人とが出会うすべての場において提供されるべきものがホスピタリティのもつ本質なのではないだろうか。

そこで，筆者の研究領域である流通業において考察してみたい。近年フォーマット変容のダイナミズムが生まれている建築資材の専門流通の特徴は，その対象業界が建築業であるため，その顧客の大半が男性であり，「男社会」といわれる業界である。前述した疑問に，さらに「顧客の大半が男性」を付け加えて問題提起したい。特に，より現場に近い建材問屋や金物店，あるいは近年建材を強化するホームセンターは，中小企業や個人事業主，一人親方といった俗にブルーカラーといわれる建築生産現場の工事職人をターゲットにしている企業が多い。ホスピタリティのもつイメージと縁遠く感じるのは，筆者だけではないだろう。

本章の目的は，「男社会といわれる建材流通や，専門性が高く店舗滞在時間が短い接客業においても，ホスピタリティは適用可能なのではないか」という疑問に答えを求めることである。

2. サービスとホスピタリティの違い

現代のサービス産業，あるいは接客中心のビジネスにおいて，顧客が求める期待サービスの要求品質は多様化し，複雑かつ高度化している。従って，単なる企業マニュアルを超越した臨機応変な対応が求められるようになってきた。その対応こそ広義のホスピタリティといえるだろう。しかし，適時，的確な行動となれば従業員の個人的な性格や資質に依存することであり，ホスピタリティを企業の同一品質として提供することは難しい。同一品質とは企業経営における絶対条件である。基本価値の提供であり期待価値である[2]。つまり業務マニュアルや基本タスクの領域となり，それは万人に対する平等のサービスを意味する[3]。

では「ホスピタリティマネジメント」とは何であろうか。ホスピタリティの特徴は無形性と有形性，つまり見えないものと見えるものの混在であり，

第 6 章　建材流通におけるホスピタリティマネジメントの実践

図表6-1　ホスピタリティ価値とマネジメント活動の相互関係

		サービス価値	ホスピタリティ価値	
マネジメント	内容	業務の有効化マネジメント	可能性への挑戦マネジメント	機会の開発マネジメント
		基本価値と期待価値を創造し提供することが活動の基本	願望価値を創造し提供することが活動の中心	未知価値を創造し提供することが活動の中心
マネジメント	の対象	※業務 人の活動（人）	※業務 資源全般	※事業 業務 資源全般
課題・目標の種類		主として 現状改善課題・目標	主として 現状変革課題・目標	主として 事業の再構築課題・目標
		1) 業務機能を改善する 2) 的確性・効率性・利便性を高める。	1) 競争優位の状態を創出する。 2) マンネリ化を打破する。（可能性への挑戦）	1) 事業（商品・無形財・市場）を開発する。 2) 顧客を開拓する。 3) 資源を強化する。

出所：参考文献［14］99頁の図表6-2を引用し適用した。

図表6-2　マネジメントにおけるホスピタリティとサービスの比較

キーワード	サービス＝協働	ホスピタリティ＝共働
顧客価値	サービス価値	ホスピタリティ価値
目的	効率性の追求	価値の創造
人間観	道具的	価値創造的
人間の特徴	他律的・受信的	自律的・発信的
関係の在り方	上下・主従的	対等・相互作用的
関わり方	一方向的で固定している	共に存在し働きかけ合う
組織形態	階層的	円卓的
情報	一方向・伝達的	共感的・創造的
文化	集団的・統制的	個別的・創発的
成果	漸進的	革新的

出所：参考資料［14］の26頁の図2-1を引用し適用して，筆者が加筆した。

それは同一ではないものであり、あるいは従業員個人に依存した「気遣い」や「心配り」である。それを「マネジメントする」ということになる。営利を求める企業体が、この概念を企業経営の核たる戦略に成し得るだろうか。吉原は、ホスピタリティマネジメントの定義を「ホスピタリティ価値の創造と提供を主な目的として、組織関係者を方向づけ、一体感を醸成して、プラスの相乗効果を生み出す活動である」[4]としている（**図表6－1**）。また、吉原は「ホスピタリティとは効率性の追求ではなく人間一人ひとりを対象とし、組織関係者が互いに成長し、繁栄し、共に幸福感を感じることである」[5]とも述べている（**図表6－2**）。この概念に従えば、どんな業界でもどんな業種・業態であってもホスピタリティは存在し、適用可能なはずである。

ホスピタリティマネジメントの特徴及び構造の詳細については、本書の第2章を参照していただきたい。

3. 個客識別マーケティング（Customer Specific Marketing）

小売業の近代化は、キャッシュ＆キャリー[6]（Cash and Carry）の徹底したオペレーションの効率化によって成し遂げられた。近代小売業の先陣を切った、スーパーマーケットのイノベーションは、「セルフサービス」の追求であったといっても過言ではないだろう。少ない従業員でいかに客単価とレジ客数を上げて、坪効率を向上させるかが鍵とされてきた。大量生産・大量販売は、顧客をマスと捉える概念であるがゆえに、商圏はより広域となり、店舗は巨大化していった。さらに大量生産、大量販売は競争関係にあるライバル店と区別がつかないぐらいビジネスを同一化させ、結果として、商品はコモディティ化していく[7]。この現象は基本価値の徹底であるが、ホスピタリティの概念とは程遠く、顧客の「顔」が見えないマス・マーケティングの盲点[8]といえるだろう。

しかし、顧客をマスでひとくくりにする戦略に変化が生まれている。顧客獲得のための競争戦略は、ただやみくもに来店客数を拡大するという段階を脱し、むしろ比較的少数の顧客と長期的な相互関係を築き、その関係性の中から自社の競争優位性を導くという方法が採用されるようになってき

第6章　建材流通におけるホスピタリティマネジメントの実践

ている。不特定の消費者ではなく，特定のお客様＝カスタマーを増やすことを重視する。つまり「顧客」ではなく「個客」と捉えるCRM（Customer Relationship Management）の考え方である。顧客の個々の嗜好やニーズ，購買履歴などに合わせて，一人ひとり個別に展開する個客識別マーケティングの概念は，顧客との相互関係を意味するホスピタリティマネジメントの定義そのものであり，同義といってもよいだろう。近年，顧客識別マーケティングを「One to Oneマーケティング」として実践している企業も少なくない。

　一般論だが，お客様を「消費者」と表現したり，「顧客」と言ったりするが，実は混同してはいけない絶対的な違いがある。英語に置き換えると理解しやすいが，消費者は「コンシューマー（Consumer）」であり，顧客は「カスタマー（Customer）」である。小売企業の多くが，この違いを意識しているかはわからないが，少なくとも効率性追求型のビジネスモデル企業においては，お客様をマスで捉える「コンシューマー」という発想となり，購買実績を定量分析できたとしても，顧客の名前と顔は一致させることはできないだろう。FSP（Frequent Shoppers Program）を導入して顧客を識別しようとしている企業は多いが，本質的なOne to Oneマネジメントを実践できているかは定かではない。

4. 事例紹介

　筆者の「建材流通におけるフォーマット変容の研究」の過程で，企業インタヴューを行った。今回取り上げるのは，その中の事例である。

　FSPによるシステマチックな顧客購買分析に注力しているわけではないが，ある意味ホスピタリティの神髄を追求している企業である。接客の視点から実現場で巻き起こる最前線の「ホスピタリティマネジメント」を紹介する。

4.1　総合建材センター「建デポプロ」

　建材専門店「建デポプロ」は，株式会社LIXIL（**図表6-3**）が運営する流通・小売りセグメントの新事業である。創業時は2社の2つのフォーマットだった。2009年，当時のトステムビバ株式会社（現，株式会社LIXILビバ）が，

127

図表6-3　株式会社LIXILプロフィール

社名	株式会社LIXIL
本社所在地	東京都千代田区霞が関3-2-5霞が関ビルディング36階
設立	2001年10月1日
資本金	346億円
代表者	代表取締役社長兼CEO 藤森義明
従業員数	14,492名（2013年3月現在）
売上高	16,287億円　※ホールディングス連結（2013年度） 1,951億円　※流通・小売りセグメント連結（2013年度）
事業内容	建材・設備機器の製造・販売および関連サービス業
店舗数	62店舗　※建デポ事業（2014年3月現在）

出所：株式会社LIXILホームページより筆者作成。

　ホームセンター事業のビバホームを業態変革させ、建材専門のフォーマットとして千葉県野田市に「建デポ」1号店をオープンした。建築のプロ顧客をターゲットとするが、業態としては小売業を標榜し、一般顧客の来店も拒まず、リフォーム元請工事も実践していた。

　同時並行的に、グループ会社である当時のトステム株式会社（現、株式会社LIXIL）にも同事業体のプロジェクトが設立され、2010年には東京都の立川市に「建デポプロ」1号店をオープンして、その後一気に全国展開をしていった。こちらは業態としては卸売業を謳い、完全会員制で事業展開をはじめたのである。

　その後、新築住宅に依存していた建築市場は、住宅リフォームへと大きく舵を切った。一方、ホームセンターなどの台頭によって、建材流通の革新的構造変化の潮流が生まれた。そこで、2社は新たなビジネスモデルとして統合し、現在はLIXILが建デポ事業を運営し、全国展開している。

　事業の特徴は次の5点である。①建築資材を扱う完全会員制の卸売業であること。ホームセンターや建材問屋、金物店との差別化を図ることで顧客をセグメントしている。②名前と顔がわかる店であること。ホスピタリティとほぼ同義であるOne to Oneの顧客関係構築が可能であることを意図している。③メーカーでありながら他社商品も扱うこと。建材流通における古い商慣習

をイノベートするチャレンジである。④建築にかかわるすべての商品を扱うこと。メーカーパワーが強く垂直型で選択肢がなかった建材流通にワンストップショッピングの利便性を追求している。⑤主要都市にドミナント，北海道から九州まで展開している。これはどこに現場があっても便利に材料調達できるメリットとブランドの構築である。

　補足する必要があるが，LIXILが建デポ事業において「ホスピタリティ」あるいは「ホスピタリティマネジメント」を提唱しているわけではない。インタヴューを通じて得られた筆者の知見である。しかし，前述の②と4.2節で取り上げる行動指針は，まさしくホスピタリティマネジメントの実践といえよう。

4.2　事業の行動指針

　今回，企業インタヴューにて得られた事業の行動指針を紹介する。顧客をマスとして捉えるのではなく，一人ひとりに対応する泥臭いともいえる理念が窺える。

１．私達は，すべてのお客様に対して明るく元気にご挨拶します
２．私達は，来店されたお客様には，自らお声掛けし「会話」します
３．私達は，お客様との「会話」を，自店の成長・改善にいかします
４．私達は，店舗にない商品は積極的にお取り寄せ・見積りします
５．私達は，お客様と約束した納期は必ず守ります
６．私達は，自店重点顧客を店舗内の全員が「名前」でお呼びします
７．私達は，建材流通の革新を通して地域のビルダー・工事店様と共に成長します

　特に，「６．私達は，自店重点顧客を店舗内の全員が名前でお呼びします」については，不特定多数という概念ではなく，特定少数に対して，ロイヤルカスタマーを増やす戦略である。

　結城は，「カスタマーには３つの分類がある」[12]と述べている。１つ目は，「ニューカスタマー」である。特定のお客様になってくれそうな新規顧客である。

2つ目は，何度も来店してくれる「リピートカスタマー」である。同時に同業他社他店にも足を運ぶお客様である。3つ目は，「ロイヤルカスタマー」である。信奉顧客であり，企業・店舗にとって，忠誠で，忠実で，誠実な顧客のことである。つまりロイヤルカスタマーとは，「その店舗に最も信頼を寄せてくれるお客様」のことである。不特定多数の顧客とは違い，親しいロイヤルカスタマーの方が顧客満足を実現しやすく，その顧客に対する商品や品揃えを提供することが容易となり，売り場づくりや的確な接客に集中できる[13]。ロイヤルカスタマーの創造は，ホスピタリティマネジメントの主たる目的である。

4.3 お客様の声と権限付与

LIXILは品質管理手法の1つであるシックスシグマ活動に力を入れており，建デポ事業も展開し，VOC（Voice of Customer）を標榜している。単にお客様の声を聴くだけではなく，一人ひとりの顧客ニーズに応えるための活動として実践している。当然ながら個々の顧客対応の追求のためには，店舗ごとに品揃えとサービスを変化させる必要がある。事業方針として，チェーンストアでありながら，顧客に合わせた個店ごとの独自の進化を遂げることを意図している。

建デポ事業統括部長は「指示する側と実行する側がいかに精度を上げて遂行するかがチェーンストア理論の根源だと思うが，我々は，基本軸は全店同じで多店舗展開はしていても，個店の味付けや裁量は店長に権限委譲している。商品や価格も多少違うことを『個店ごとの味』として出していきたいし，強くすべきは本部の力ではなく，個店の力であると考えている。また，顧客の声については一方通行のアンケートで得られたものではなく，面と向かってお客様から『いやぁ，この前のあれ助かったよ』というような，良し悪しの事後報告をもらえることが重要であり，もらい続けることができるかどうかがポイントである。お客様の声を聴くというが，お客様の声がすべて正しいわけではなくて，本質的な部分は何なのか，お客様が望む我々からやってほしいことは何なのか，を聴くことが重要なのである」[14]と，述べている。

「個店ごとの味」とは，地域のお客様に育てられ，共に成長し繁栄するこ

とを意味する。店長ひとりでは成し遂げることはできない。店長には，従業員一人ひとりの個性を尊重した権限付与を実践する必要がある。店舗という現場の最前線では，お客様との継続した相互関係を構築するうえで適時的確な意思決定能力と，豊かな創造力が必要不可欠だからである。適正な権限の付与は個人の自律性を発揮させ，さらに組織全体の成長となって個店の進化となり，「味」となるのである。

自律性と権限の関係については，本書の第3章を参照いただきたい。

4.4 CRM事例

吉原は，顧客と企業の人材との相互関係を「顧客の進化の循環」という考え方で説明し，顧客との関係性と顧客の進化プロセスを，**図表6－4**のように図化している[15]。そして，「顧客は利用行動を通じて得意客（Clients）へと進化し，『ファン』とか『リピーター』になり得る可能性が出てくる。次にその得意客が積極的に企業活動に参加するようになると支持者（Supporters）に進化する。たとえば，行動に移すまでにはいかないがアイディアを出すようになるとか，種々の機会を通じて提案するようになる。企業が受け容れ，しかも相互交流を促進することによって，支持者は代弁者・擁護者（Advocates）へ進化する。代弁者・擁護者は，企業側に立って『口コミ役』を果たすようになるのである。最終的には，経営のパートナー（Partners）へと進化するのである。彼らは企業活動の中に入り，良き理解者として経営に貢献するようになるのである」[16]と述べている。まさにCRMの実践プロセスである。驚くことに，建デポプロも同様の考え方で顧客との信頼関係構築のプロセスを，**図表6－5**のように図化して研修に用いている。顧客との会話から生まれるリレーションの重要性と行動指針の実践が窺える。

4.5 挨拶と笑顔のこだま，怒りの言霊

建デポプロの顧客は建築業における工事業者であり，職人である。彼らは気難しく寡黙な印象が強いが，実は心優しくまじめな人間が多いので，一度信頼関係が築かれればとても親しみやすい。ひとたび面識ができた顧客とのコミュニケーションは，店内に挨拶と笑顔のこだまを生む。マスを対象とし

第Ⅱ部　事例研究編

図表6-4　顧客進化のプロセス（リレーション・チェーン）

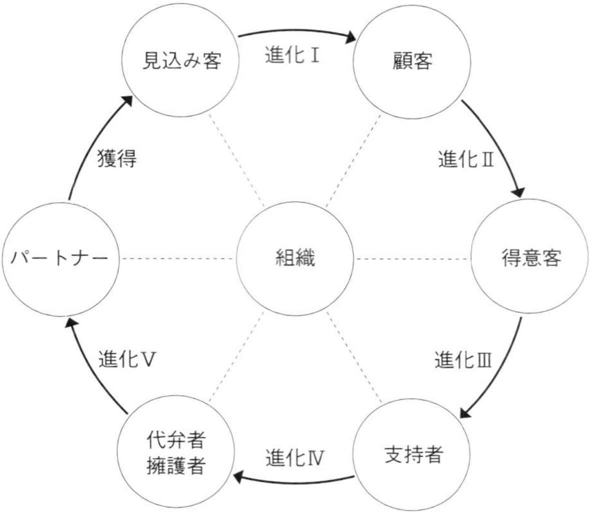

（図：見込み客 →[進化Ⅰ]→ 顧客 →[進化Ⅱ]→ 得意客 →[進化Ⅲ]→ 支持者 →[進化Ⅳ]→ 代弁者・擁護者 →[進化Ⅴ]→ パートナー →[獲得]→ 見込み客。中央に「組織」）

出所：参考文献［13］の207頁の図表6-3「顧客進化の循環」を引用し適用した。

図表6-5　魅力のサイクルと会話の重要性

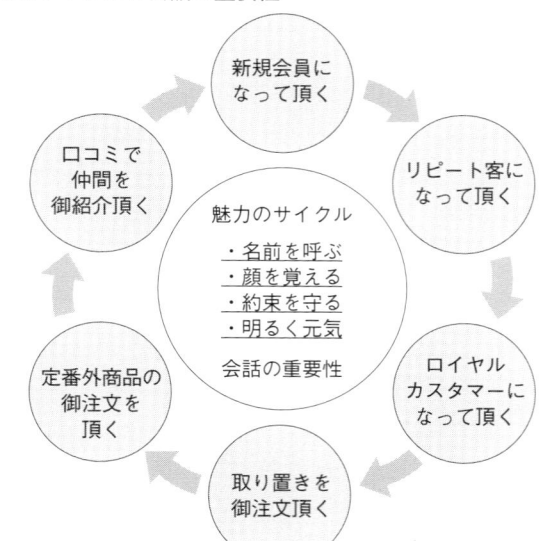

（図：新規会員になって頂く → リピート客になって頂く → ロイヤルカスタマーになって頂く → 取り置きを御注文頂く → 定番外商品の御注文を頂く → 口コミで仲間を御紹介頂く。中央に「魅力のサイクル ・名前を呼ぶ ・顔を覚える ・約束を守る ・明るく元気　会話の重要性」）

出所：㈱LIXIL建デポプロ研修資料2012年5月版より引用し適用した。

た小売業とは違い，その信頼関係の密度はより濃いものとなる。時にはお客様である大工さんから「この前は材料が間に合って助かった。これ，みんなで食べてくれ」と差し入れを頂くことがある。顧客に必要とされ，互いの存在価値を認め合い，さらに継続した関係が構築される瞬間である。この活動こそがCRMであり，ホスピタリティマネジメントの実践といえよう。

　しかし，良好な関係や瞬間ばかりではない。「義」を重んじる男達であるがゆえに，理不尽なことは瞬間的に紛糾されてしまう。現場で必要な材料や道具を計画購買するために来店するので，その店舗滞在時間は平均５分程度である。つまり，わかりやすい売場とスピーディーなレジ会計が求められる。しかし，時には商品に値札が貼られていないためにレジ前で待たせてしまうことや，取り寄せ商品の納期が間に合わないこともある。当たり前のことだが，約束は守らなければならない。

　顧客の怒りは言霊となって一瞬にして店内を沈黙させてしまう。怒りの言霊には，信頼を裏切られた悲しみと，なぜそうなったのかということに対する腹落ちの必要性と，次は裏切らないでほしいという期待が含まれているからだ。怒りの根源は多岐にわたるが，怒りの根源が何かを知ることが重要である。ロジック的には原因を事象から源流に遡っていくプロセスが正しいかもしれないが，時間軸で目の前の顧客を置き去りにしてはいけない。普段からの顧客との関係性構築は重要であり，そのホスピタリティ価値[17]が共有できていれば，そもそも怒りやクレームは生まれにくくなるはずである。顧客と日々向き合う最前線の現場では，スピードも重視され，瞬間的なホスピタリティ価値の提供と意思決定[18]が必要である。

　しかし，どんなにコミュニケーションを取ろうとしても，自ら関係を築こうとしない顧客も少なくない。一方通行なコミュニケーションほど悲しいことはない。少なくとも来店しているということは，店舗としての購買機能は認めているのであろうが，積極的に会話をすることで顧客との関係を築こうとしても，レジを挟んだ距離感が遠く感じられ，酷い場合は，「はやくしろ！」と怒鳴られることもある。

　怒りには怒りがこだましてしまう。心に余裕があれば，そんな時も笑顔で対応できるのであろうが，怒りとやりきれない憤りは怒りの言霊となって残

ってしまうものである。顧客との関係で重要な「相互成長，相互繁栄，相互幸福」[19]の実現には，お客様に内在する本質的なホスピタリティ能力を引き出し，挨拶と笑顔をこだまさせる必要がある。

セルフサービスで効率を追求する企業が多い中で，LIXILの建デポ事業は，非効率ともいえるOne to Oneのホスピタリティマネジメントを実践している数少ない事例であろう。

4.6 ホスピタリティ価値と人財育成

建材を商品として提供するには，建材の複雑で多品種に及ぶ専門知識が必要とされ，一人前になるのに相当な時間がかかるといわれている。しかし，建デポプロの店舗は非正規社員を中心とした人財で運営されている。当然ながら性別も年齢もスキルレベルも違う。そもそも人にはそれぞれ得意分野があり，違うキャリアプランを持ち，リズム感や時間軸も違う。だからこそ「思いやり」や「チームワーク」が必要である。たとえば，ボトルネックになった人財を「ドラム・バッファー・ロープ」[20]という概念で手を繋ぐ気持ちが必要であろう。顧客との関係，従業員との関係，すべてにおいて，ホスピタリティが内包する意味としての人間の多様性や相互性，交流性，対等性[21]といった気持ちが重要だからである。そこには親しみと笑顔が生まれ，プロセスを分かち合う従業員同士，価値を共有する顧客と双方向の共感となる。つまり「人材」を「人財」として捉える育成の課題が見えてくる。

企業のHRM（Human Resource Management）の方向性は，専門性に特化したプロフェッショナル育成や，ダイバーシティといった多様な文化をもつ人材の採用，たとえば外国人の積極的採用や，女性の活用などに向けられている。組織内専門人材の力を最大限に発揮するには，「ビジネス戦略，ビジネスゴールとの結びつきに留意しつつ，組織の重要ポジションに適材を発掘・育成・保持する包括的な努力」[22]と石山は定義している。つまりタレントマネジメント[23]である。これは「能力発揮力の開発に努める」[24]というホスピタリティを具現化する人財開発の定義と同義ではないだろうか。吉原は「個人の内発的な動機に着目し，職業人としての成長を促進すること」[25]と定義しており，多様な経験とスキルを持つ非正規社員中心のビジネスモデルにおいて，

組織内の専門人材に対するタレントマネジメントの必要性が今後の課題となるであろう。

5. おわりに

　本章では，身近で日々の暮らしに密着したコンビニやホームセンターなどの接客業に，ホスピタリティマネジメントは適用できないのであろうか，という疑問からはじまり，「顧客の大半が男性」や「職人」あるいは「建材流通」という専門業態にも適用可能か，という点について，LIXILが運営する建デポ事業をケーススタディし，考察した。

　結論は，顧客の大半が男性や，専門性が高い職人でも，店舗滞在時間が短い接客業・流通業においても，ホスピタリティは有効であり，適用可能ということである。ホスピタリティの本質は，人と接する仕事においてその顧客対象の性別や職業に関係なく必要であり，ホスピタリティマネジメントとして適用されることが明らかになった。

　顧客サービスとしての基本価値と期待価値については改善と有効化を図りつつ，願望価値[26]と未知価値[27]を追求し，その関係性を継続的に発展させていくことが，企業と顧客を繋ぐ価値創造としてのホスピタリティ価値の実現である。

　One to One，CRM，VOCなどの様々なマーケティング活動は，ホスピタリティマネジメントの概念を付加することで競争優位となるであろう。

［注］
1) 参考文献［14］の15，22頁を参照。
2) 参考文献［15］の22頁を引用し適用した。「基本価値（Basic Value）は，顧客に提供するに当たって基本として備えておかなければならない価値要因」と述べられている。
3) 参考文献［15］の22頁を引用し適用した。「期待価値（Expected Value）は，顧客が選択するに当たって当然期待している価値要因」と述べられている。
4) 吉原によるホスピタリティマネジメントの定義である。（本書の第2章第4節を引用し適用した。）
5) 参考文献［15］の21頁を引用し適用した。
6) キャッシュ＆キャリー（Cash and Carry）は，「小売業者や業務用需要者などの購入

第Ⅱ部　事例研究編

　　　　者が自ら商品を選び，販売時に現金決済を行う。卸売業者は，その後の商品の配送などは行わずに，購入者自らが持ち帰る販売方法」である。（参考文献［11］の15頁を引用し適用した。）
 7) 参考文献［4］の2頁を参照。「コモディティ（Commodity）化とは企業間における技術的水準が同質化し，製品やサービスの差別化が困難になり，どのブランドをみても顧客側からするとほとんど違いが見出せない状況である」とある。
 8) マス・マーケティング（Mass Marketing）は，「大きな市場全体に対して，単一，大量なマーケティングミックスを展開するマーケティング手法」である。（参考文献［17］の序文ⅲ頁を引用し適用した。）
 9) 参考文献［8］の77頁を参照。
10) カスタマー・リレーションシップ・マネジメント（CRM：Customer Relationship Management）は，「顧客に応じたきめ細かい対応を行うことで長期的な良好な関係を築き，顧客満足度を向上させる取り組み」である。（参考文献［17］の序文ⅲ頁を引用し適用した。）
11) FSP（Frequent Shoppers Program）は，「ポイントカードやサービス提供カードといった顧客カードを発行し，一人ひとりの購買データを購入金額や来店頻度によって選別し，セグメント別にサービスや特典を変えることによって個々の顧客に最も適したサービスと効率的な販売戦略を展開して，固定客の創造，拡大を図るマーケティング手法」である。（参考文献［17］の序文ⅲ頁を引用し適用した。）
12) 参考文献［8］の79頁を参照。
13) 参考文献［8］の78-80頁を参照。
14) 2013年12月18日：株式会社LIXIL建デポ推進統括部長インタヴューより。
15) 参考文献［13］の207頁の図表6-3を引用し適用した。
16) 参考文献［13］の207頁を引用し適用した。
17) 参考文献［14］の94頁を引用し適用した。
18) 参考文献［14］の94頁を引用し適用した。
19) 参考文献［15］の26頁を引用し適用した。
20) 参考文献［18］の545-552頁を参照。ドラム・バッファー・ロープ（Drum buffer rope）は，「ボトルネックとなる工程に注目し，生産スケジュールを最適化するための手法」で，進む速度の違う人たちが縦一列に並んで進行する様子を喩えにしたTOC（Theory of Constraints）制約条件理論の考え方である。
21) 参考文献［14］の15，22頁を参照。
22) 参考文献［2］の140-141頁を参照。
23) 参考文献［2］の140-141頁を参照。
24) 参考文献［12］の289頁を引用し適用した。
25) 参考文献［12］の289頁を引用し適用した。
26) 参考文献［15］の22頁を引用し適用した。願望価値（Desired Value）は，「期待していないが潜在的に願望していて提供されれば評価する価値要因」である。

27) 参考文献［15］の 22 頁を引用し適用した。未知価値（Unanticipated Value）は，「期待や願望を越えたまったく考えたことのない感動や感銘を与え魅了する価値要因」である。

［参考文献］
［1］渥美俊一（2008）『21 世紀のチェーンストア』実務教育出版。
［2］石山恒貴（2013）『組織内専門性人材のキャリアと学習』日本生産性本部生産性労働情報センター。
［3］宮下正房（2006）「問屋発展の史的変遷と日本型流通システムの特質に関する一考察」『東京経大学会誌』第 254 号。
［4］恩蔵直人（2007）『コモディティ化市場のマーケティング論理』有斐閣。
［5］田中洋『消費者行動論体系』中央経済社。
［6］田村正紀（2008）『業態の盛衰』千倉書房。
［7］力石寛夫（1997）『ホスピタリティ』商業界。
［8］結城義晴（2008）『お客様のために，いちばん大切なこと』中経出版。
［9］結城義晴（2011）『店長のためのやさしい《ドラッカー講座》』イースト・プレス。
［10］結城義晴（2010）『小売業界大研究』産学社。
［11］結城義晴（2011）『小売業界ハンドブック』東洋経済新報社。
［12］吉原敬典（2001）「ホスピタリティを具現化する人財に関する一考察」『長崎国際大学論叢』第 1 巻（創刊号），長崎国際大学研究センター。
［13］吉原敬典（2001）『「開放系」のマネジメント革新：相互成長を実現する思考法（第 4 版）』同文舘出版。
［14］吉原敬典（2005）『ホスピタリティ・リーダーシップ』白桃書房。
［15］吉原敬典（2012）「ホスピタリティマネジメントの構造に関する一考察」『目白大学経営学研究』第 10 号，目白大学。
［16］月刊商人舎（2014 年 2 月）『Check-out Service 革命』商人舎。
［17］Brian P. Woolf, Customer Specific Marketing, Teal Books, 1996. ＝ブライアン・P・ウルフ著，上原征彦監訳，中野雅司訳（1998）『個客識別マーケティング』ダイヤモンド社。
［18］Eliyahu M. Goldratt, "THE GOAL, SECOND REVISED EDITION" the North River Press Publishing Corporation, 1992. ＝エンヤフ・ゴールドラット著，三本木亮訳，稲垣公夫解説（2001）『ザ・ゴール』ダイヤモンド社。

［インターネット資料］
［1］株式会社 LIXIL グループ「会社概要・企業理念・沿革・IR について」
http://www.lixil-group.co.jp/（2013 年 12 月 18 日，2014 年 5 月 8 日閲覧）
［2］株式会社 LIXIL「会社概要・企業理念・沿革・IR について」

http://www.lixil.co.jp// （2013 年 12 月 18 日，2014 年 5 月 8 日閲覧）
［3］株式会社 LIXIL ビバ「会社概要・企業理念・沿革・IR について」(2013 年 5 月 30 日閲覧)
http://www.vivahome.co.jp/ （2013 年 12 月 18 日，2014 年 5 月 8 日閲覧）

第7章
医療従事者の就業継続にホスピタリティが及ぼす影響

キーワード
看護職，働きがい，ホスピタリティ人財

1. はじめに

　近年，看護職員の不足がニュースとして取り上げられるようになってきたが，看護師不足は常在している問題である。すでに看護師の離職に関する先行研究は数多くあり，複数の離職の要因が混在していることもわかっている。日本看護協会が行った「平成19年潜在ならびに定年退職看護職員の就業に関する意向調査報告書」[1]の結果においても，個人の状況に関する離職理由として，「妊娠・出産」「結婚」「子育て」などが上位に挙がっており，95％が女性である看護師の現状を反映しているといえる。また，労働環境に関する離職理由として，「勤務時間が長い・超過勤務が多い」「夜勤の負担が大きい」「休暇が取れない」等が上位に挙がっていることから，これらの労働環境を改善していかない限り看護師の離職を減らすことは難しいといえる。「2012年病院における看護職員需給状況調査」においても，1か月の夜勤時間が「72時間超」となる看護職員の割合が50％以上の病院では，常勤看護職員の離職率が12.9％と高い傾向にあるとの結果も報告されている。[2][3]さらに，日本医療労働組合連合会が実施した「看護職員の労働実態調査」[4]の結果（複数回答可能）において，「人手不足で仕事がきつい」46.1％が最も多く，次いで「賃金が安い」37.0％，「思うように休暇が取れない」35.4％，「夜勤がつらい」30.5％，「思うような看護ができずに仕事の達成感がない」30.5％といった看護職員不足による負担が大きくなっている現状を反映しているといえる。また，看護職

員に健康状態を尋ねたところ「不調」が3分の1を超えており，慢性疲労であると感じている看護師は73.5%にも上っている。人手不足により休憩時間が確保できず，慢性疲労の拡大といった過酷な労働環境の中で就業を継続している状況であるといえる。加えて，仕事における強い不満，悩み，ストレスの有無を問うと，71.1%の看護職員が「ある」と回答しており，強いストレスの要因の上位2つを問うと，「仕事の量」43.2%が一番多く，次いで「仕事の質」が31.0%と続いていた。

これらの厳しい状況は改善していかなければならない重要な課題であるが，現状においても就業を継続している看護師も多くいるのは事実である。休暇取得や夜勤回数といった問題を解決するために，看護師総数を増やしていくことが必須であるが，「思うような看護ができず達成感がない」「仕事の質に対するストレスを感じている」状況では，離職者を減らしていくことは難しい。

そこで本章においては，こうした厳しい現状の中で看護師が就業を継続している理由について改めて考察し，就業継続にホスピタリティがどのように影響しているかを検討する。

2. 看護師へのインタヴュー調査

看護師の離職に関する研究は進んでいるが，就業を継続してきた理由に目を向けている研究は少ない。そこで，実際に看護師免許を取得している21名の女性を対象に「離職した理由と継続した理由」に関してインタヴューを実施した（図表7-1）。現在，看護師として就業をしていない7名に，看護師の仕事そのものが嫌いだから辞めたのかを問うと，全員が「看護師としての仕事が嫌いで離職をしたわけではない」と回答した。この結果は，労働環境の改善と関係なくある程度の割合で離職していく看護師がいることを表している。

就業を継続している看護師14名のインタヴュー調査の結果をグランデットセオリーアプローチド法で分析したところ，就業を継続していくために必要とされる環境として，「人員不足」，「人間関係」「組織サポート」，「子育てと就業のバランス」の4つのカテゴリーに分類できた。患者，医師，他職種

図表7-1　インタヴュー協力者の属性

現在の就業状況			年齢			看護師経験年数			平均転職回数	インタヴュー平均時間
看護師として働いている	看護師以外の仕事をしている	仕事をしていない	20代	30代	40代	1～5年	6～10年	11年		
14人	4人	3人	1人	8人	12人	5人	4人	12人	2.76回	32.81分

との関係及び組織との人間関係が人員不足に影響し，患者，医師，他職種及び周囲のスタッフ，上司である師長との関係性が就業継続に影響していた。組織からの必要なサポートとして，「育児サポート」「育児中の役割」「ジェンダー差」「休暇の取得」「バランスの取れた勤務」「急な休みの取りやすさ」「体調に合わせた勤務」の必要性が上がっていた。これらの結果から，労働環境が整わない状況においては，就業を継続することは不可能であり，就業を継続している看護師は，短時間勤務や日勤のみなどの自身が働くことができる労働環境が整っている病院等へ転職し，家族や社会のサポートを利用しながら，就業を継続できる工夫をしていた。

　また，就業を継続し，様々な経験をしていく中で，自分自身の感情や考え方の変化によって，就業を継続することができたと回答している看護師もおり，経験を積むことによって自身が変化したことが就業継続に繋がっている。スミスは，看護師はケアを行うために感情に働きかけており，感情を最も効果的に管理する方法を学んでいることを，看護学生へのインタヴューを通して明らかにしている[8]。また，「感情労働は患者に大きな影響を与え，ケアは患者にとって非常に重要であるにもかかわらず，軽視される危険性がある」ことを指摘している[9]。このことは，一人の患者として理解するよりも疾患を理解することが主体となってしまうことにより，患者にとって大きな影響を及ぼす心を働かしてケアをしていくことが薄れてしまう危険性があるともいえる。一方，相手が患者であることから，何をいわれても受容していくべきだと考え，看護師として就業を継続するために，自身の感情をコントロールしなければ継続できないと思い込んでいる場合もあり，患者の声に出さない思いが見えなくなってしまう可能性もある。

また，夜勤や勤務時間，通勤時間といった労働環境とは別に，「理想と現実」といった看護の質そのものに関して，葛藤しながら就業を継続していると回答した看護師もいた（**図表7－2**）。「これでよいのか」と自らの看護を振り返り，「自分の行っている看護に自信がもてないため，職務満足度が低くなる」との回答を得た。さらに，就業を継続している理由として，積極的な理由と消極的な理由があり，看護師として成長していきたい，自分の考えている看護を提供していきたいといった積極的な理由から就業を継続している看護師の思いの強さが離職に結びついている現状もある。加えて，看護師不足による一人の看護師の業務負担が大きいことから離職する看護師がいることも事

図表7-2　インタヴュー調査の結果

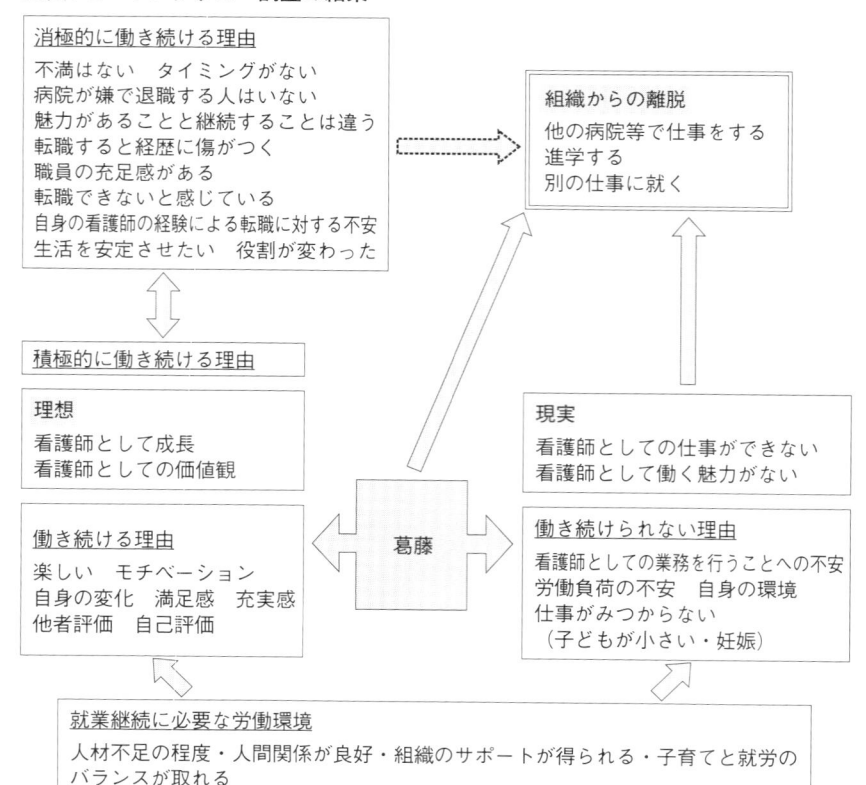

消極的に働き続ける理由
不満はない　タイミングがない
病院が嫌で退職する人はいない
魅力があることと継続することは違う
転職すると経歴に傷がつく
職員の充足感がある
転職できないと感じている
自身の看護師の経験による転職に対する不安
生活を安定させたい　役割が変わった

組織からの離脱
他の病院等で仕事をする
進学する
別の仕事に就く

積極的に働き続ける理由

理想
看護師として成長
看護師としての価値観

現実
看護師としての仕事ができない
看護師として働く魅力がない

働き続ける理由
楽しい　モチベーション
自身の変化　満足感　充実感
他者評価　自己評価

葛藤

働き続けられない理由
看護師としての業務を行うことへの不安
労働負荷の不安　自身の環境
仕事がみつからない
（子どもが小さい・妊娠）

就業継続に必要な労働環境
人材不足の程度・人間関係が良好・組織のサポートが得られる・子育てと就労のバランスが取れる

実であり，就業を継続している看護師も疲弊しているといった悪循環が起こっている。この状況の中で，「臨床で働く看護師はもっと頑張っていくべきだ」と指摘をすることは，看護師の疲弊感やバーンアウトを助長する結果に繋がる恐れがある。

3. 医療におけるホスピタリティ価値とは

　筆者のホスピタリティに関するイメージは，「接遇」や「特別室」などであった。実際に医療機関で行われている研修等の多くは，元航空会社の職員や高級ホテルの接客を行っているスタッフによる接遇研修であり，これらのイメージから，ホスピタリティに関する誤解と違和感に繋がった。もちろん接遇は医療従事者に必要なスキルであり，研修に取り入れる必要はあると考えている。筆者が危惧しているのは，ホスピタリティに関する誤解から，保険診療点数で費用が決まっている日本において，自由診療等の高額な費用を支払う人が特別であり，その特別な患者のためにホスピタリティを発揮すべきだとの誤解から，患者に平等に接していきたいと考えている医療従事者にとって，理解しがたい概念になるのではないかということである。

　浦郷らも，医療従事者のホスピタリティの理解に関して，「多くの医療従事者はサービスとホスピタリティの違いがわかっていない」「丁寧な言葉づかいやマナー，つくられた笑顔がホスピタリティと勘違いしている」[10]といったホスピタリティの誤解を指摘している。

　吉原は，サービス価値とホスピタリティ価値の違いを[11]**図表７−３**のように表しており，医療においてはサービス価値とホスピタリティ価値がはっきりと分かれるといっている。サービス価値とホスピタリティ価値を医療機関の中での具体的な事案として置き換えてみると，マニュアルを作成し，患者の安全を確保することや通常の業務を進めていくことは，サービス価値である。サービス価値は提供していくことが当たり前の価値であり，患者に安全な医療を提供することはサービス価値である。そして，医療機関においてはすでにサービス価値は提供できている。ホスピタリティ価値とは，「期待はしていないが潜在的に願望していて提供されれば評価する」願望価値と，「期

図表7-3　サービス価値とホスピタリティ価値

サービス価値 $\begin{pmatrix}期待価値\\基本価値\end{pmatrix}$	①安全性価値の確保と向上 ②医学知の提供と医療技術水準の確保 ③医療行為全般における効率性の向上 ④患者対象のクリニカルパスがカバーする範囲のシステム化の推進 ⑤医療提供体制（アクセシビリティー，時間，コスト，システム等）の整備
ホスピタリティ価値 $\begin{pmatrix}未知価値\\願望価値\end{pmatrix}$	①患者の不安感の除去 ②安心感に基づく患者と医師の信頼関係の形成，医療への信頼感の醸成 ③マニュアル的でない働きかけの実践（適応範囲，治療内容の柔軟性） ④共感性を高めるための気遣い・心遣い ⑤患者と医療側双方による喜び・歓喜の場の創造 ⑥予防医学の観点から病院機能の再検討と実施 ⑦心理面のケアに重点を置いた病院の運営と医療行為の実践

出所：参考文献［17］より引用し適用した。

待や願望を超えてまったく考えたことのない感動や感銘や驚嘆を与え魅了する」未知価値であるといっている。「病院だから仕方ない」「それは無理だ」などの諦めている思いを，「こんなことをしてくれた」という感動に変えていくことが，今後の病院の課題になってくるといえる。

　とはいえ，筆者が看護師として就業していたときのチームメンバーは，患者の不安感の除去や安心感に繋がる看護を提供していきたいと心がけており，心理面のケアは重要であることを認識していた。その思いが，患者に伝わっていないことから，サービス価値を提供しているにすぎないと評価されている可能性もある。

　病院では，治療方法や施術等の説明を行う機会が多いため，患者が理解しやすいように説明文書を作成しているが，標準的な説明文書や資料に必要と思われる事項を追加し，個別に説明をしている。限られた外来での診察時間の中で，一人の医師が長時間にわたり説明することは難しい現状も事実である。吉原が実施した，医師を対象にしたインフォームド・コンセントの調査の中で，医師が考えているインフォームド・コンセント実施時に障害となる事項の第1位は，「時間的な余裕のなさ」71.5％であった。病状や施術の説明

責任は医師にあるが，患者が理解しているか否かを確認し，補助的な説明を行うことは他の医療従事者も行うことはできる。診療に必要な検査について医師が説明し，その検査の詳細について，看護師や検査技師，診療放射線技師等が補助説明を行っていくことにより患者の不安を軽減させることができる。また，標準的な説明資料を用いることで，説明者が変わっても説明の内容が統一されていることは，当該患者が混乱を軽減し，不安の除去に繋がっていくといえる。こうした医療従事者がそれぞれの資格の専門性をいかした働きかけを行うことがホスピタリティ価値であり，これを他職種チームで実践することができれば，患者のみならず医療従事者にとっても働きがいを感じることができる。

　しかし，実際は，「医療現場で働くスタッフは患者を待たせることや，診察時間が短いことやかかわりがすくないことを当たり前と思っている」との指摘を受けたこともあった。医療機関で働くスタッフは，決して「待たせて当たり前」とは思っておらず，申し訳ないと感じている。また，業務に追われる中で患者に十分な看護を提供できないことから，自責感を抱え離職を考えている看護師もいる。このような医療従事者が感じている思いと，患者が理解している状況の違いは不信感に繋がり，医療従事者と患者の対立関係に発展していく可能性がある。患者と医療従事者との関係が対等でないために理解の不一致が生じ，患者と医療従事者との関係が，立場の強さと弱さ（これは時として入れ替わる）から成り立っているため，対等なかかわりを持つことができず，相互理解が構築できる関係に発展していくことが難しい可能性もある。

　実際に，診察の待ち時間が長いことは事実であるが，会計システムの改善や自動受付機の導入，電子カルテの推進により，会計までの時間の短縮化は取り組まれており，同じ待ち時間を過ごすのであっても，患者用のポケットベルやPHSを用意したり，自宅からインターネットや電話で診察の順番が確認できるといったサービスを提供している病院も増えている。一方，外来患者の人数が多く，患者が当該病院を選択して来院しているのだから「待ち時間が長くても仕方がない」と，患者と医療従事者の双方が容認しているため，改善していかなければならない優先順位が下がっている可能性もある。

第Ⅱ部　事例研究編

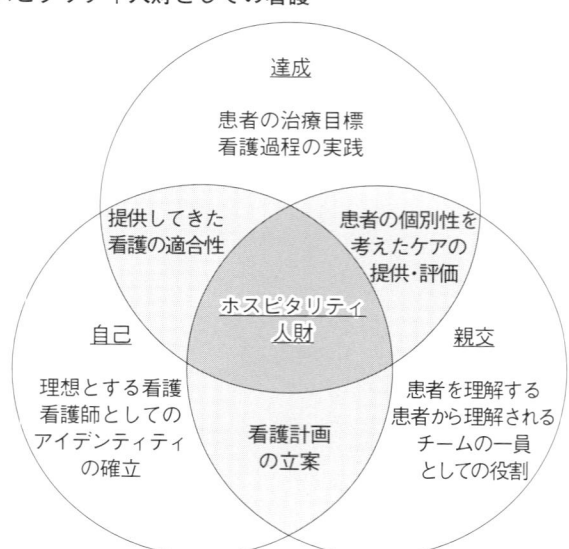

4. ホスピタリティ人財としての看護師

　筆者は，病院で働く看護師の多くは，ホスピタリティ価値が重要だと認識しており，ホスピタリティ人財となる要素を持っていると感じている。吉原は[14]，ホスピタリティ人財とは，「自己の領域」「親交の領域」「達成の領域」の3つの領域を持ち，自分でバランス良く育て成長させ，成果獲得へ向けて実践していける人間であるといっている[15]。これらのホスピタリティ人財としての枠組みに看護師の具体的なかかわりをあてはめてみると，**図表7-4**のように表すことができる。

4.1　看護師としての働きがい

　吉原は，ホスピタリティの定義として，「主体が自律的にアイデンティティの獲得を目指して自己を鍛え自己を発信しながら，他者を受け容れ交流して，信頼関係づくりを行い互いに補完し合って社会の発展に貢献する価値を

図表7-4　ホスピタリティ人財としての看護

（達成）患者の治療目標　看護過程の実践
（自己）理想とする看護　看護師としてのアイデンティティの確立
（親交）患者を理解する　患者から理解される　チームの一員としての役割
提供してきた看護の適合性
患者の個別性を考えたケアの提供・評価
看護計画の立案
ホスピタリティ人財

出所：参考文献［15］36頁の図表3-3を引用し適用して，筆者が加筆した。

共創する活動である[16)]」といっている。この定義を看護師の仕事に置き換えると，看護師としてのアイデンティティを確立し，自ら成長を目指し，患者に対して心を用いて働きかけ，治療のゴールを目指して，互いに補完し合い達成していく，心と頭脳の働きかけとなる。

職業的アイデンティティは，経験年数や役割だけでなく，様々な要因によって確立されているが[17)]，うまく自己を定義することができない場合は，バーンアウトや看護師を辞める選択をすることもある。看護師としての自信が持てず，日々不安を感じながら就業を継続している状況では，継続することによって不安は大きくなっていくため，看護師を辞める決断に結びつくのは容易である。そして，一度臨床から離れた看護師の多くは，高度化された医療の中で臨床に戻ることに不安を感じ，看護師としての就業を諦めていることも多い。「看護職員の労働実態調査報告書」[18)]の調査結果において，仕事の達成感に関する問いでは「十分な看護ができていない」59.1％，「まったくやりがいを感じない」13.1％との回答が得られており，「いつも辞めたい」と考えている看護師は27.1％という結果であった。臨床で働く看護師は，その場で判断しなければならない場面も多く，他職種と共に実践できる力が求められているが，それらを正しく評価されなければ就業を継続していくことが難しい。特に，安全性のためのルールや手順，標準看護計画といった看護の過程が統一される中で，「患者のためにできることは何か」と考えて看護を提供していることを周囲が互いに認めることができれば，職場環境も変わっていく可能性が高い。標準化された中では，創造性は乏しくなりがちではあるが，標準的な看護はサービス価値であり，そこに個別性を加えることによってホスピタリティ価値の提供へと繋げることができる。看護師が自ら考えて他職種と一緒に「できること」を創造することができれば，働きがいを感じる看護師が増えていく可能性は高い。

4.2　ケアすることでケアされていること

宮子は，ケアする側がケアされていないことに触れつつも，ケアされながらケアすることに関して『気持ちのいい看護』というタイトルの書籍で示している[19)]。ホスピタリティという言葉を使ってはいないが，「気持ちのいい看護」

というタイトルにはホスピタリティを感じ取れる。

　実際に患者の看護を実践する際も，「ケアを受けたい」と望まれている場合の方が，患者との関係性を構築していき易い。関係性が構築できなければ基本としてのサービス価値を提供していくことも難しく，「どうしたら患者に受け容れてもらえるか」と悩むことも多かった。患者のニーズに答えたくとも，ニーズを正確に捉えることができなければ，患者の望むケアを提供することは困難であり，また看護師の責務から，患者の願望の全てを叶えることに躊躇する場合もある。医療従事者の一方的な思いを押し付けることにより，「病院に行くとなんでもだめだ，といわれるので，病院には行きたくない」と患者が感じてしまい，治療が継続できない状況を作り出してしまう可能性もある。病院での診察を拒否され，患者の治療の継続が困難になる事態にしても，医療従事者が「指導したことが守れない患者」と決めつけてしまうことにより，最善の治療を継続していくことができないのではないだろうか。患者は，「治療を受けたくない」と考えているのではなく，「罹患した現状を受け容れたくない」「病院での対応を受け容れたくない」と考えている可能性もある。こうした齟齬をなくすためにも，患者の思いを共有し，治療の目標に向かって共働していくことが重要である。

4.3　患者と目標を共有する

　病院は患者の治療や安心できる医療の提供が目的であり，同じ疾患であっても家族構成や地域，社会的立場などによって，個人の目標が変わってくるが，時として個別の目標を共有するためには，個人のプライバシーに直接触れていくことになるため，信頼関係は欠かせない。

　リスクマネジメントの視点や記録時間短縮及び看護の標準化を目的として，クリティカルパス[20]を導入している医療機関も多く，そこに患者ごとの目標にあった計画などの個別性を追加していく。しかし，その計画の立案時に，患者を理解できているかによって，創造できるケアは変わってしまうことから，看護職員は，治療を行うための知識や情報を共有し，患者が主体となって治療を受けることができるよう，エビデンスを用いて，患者のニーズと価値観に応じた看護を提供している。これが心と頭脳をつかったホスピタリティ価

値であり，看護師はホスピタリティの視点が欠かせない職業であるといえる。また，看護師だけでなく医療従事者は，チームで立てた治療の計画を実践し，患者の目標が達成できたことを一緒に喜ぶことができる魅力ある職業であるといえる。治療の目標をチームで共有し，それぞれの資格の特性をいかし，チームで治療を進めていくことを考えていくことができれば，医療従事者自身が決めている「できることとできないこと」の考え方は変わってくる。そして，それぞれの専門職をネットワーク化していくための役割を，患者に接する時間が長い看護師が担うことができれば，働きがいを高めることに繋がる。

5. ホスピタリティ価値を提供できるマネジメントとは

　看護師だけでなく医療従事者の多くは，ホスピタリティ人財の素質は持っているが，それを発揮できる職場環境にないため，ホスピタリティ価値を提供できないという状況も否定できない。患者の安全を守るため，医療機関ではルールやマニュアルが作成され，標準的な看護を提供することによって，平等性を保持しようと考えている。「全ての患者に同じことはできないから」という理由にも一理あるが，全ての患者が同じことを望んでいるということは考えにくい。これは，病院で仕事をしている医療従事者の多くは資格保持者であることから，資格によって「できることとできないこと」が明確になっているため，「できることとできないこと」を意識しすぎてしまい，心を働かせる前に「それはできない」と思い込みからやルールを遵守し，できないことを増やしている可能性もある。吉原は，ホスピタリティマネジメントとは，「ホスピタリティ価値の創造と提供を主な目的として，組織関係者を方向づけ，一体感を醸成して，プラスの相乗効果を生み出す活動である[21]」と定義している。まずは，ホスピタリティ価値が具体的に何であるかを組織で共有し，当該患者の治療のために何が良いことなのかを看護師自身が考え，すべての看護師がホスピタリティを発揮できるような職場環境が必要である。

　看護師の仕事は，**図表７−３**にあるように効率性を旨とするサービス価値に目が行きがちであるため働きがいが感じられない看護師もおり，筆者が行ったインタヴュー調査の結果からも明らかになった。ホスピタリティ価

第Ⅱ部　事例研究編

値を提供し，ケアを実践できる環境ができれば，就業継続を選択する看護師が増えることが期待できる。なぜならば，ホスピタリティ価値は患者を個別的に捉えることで個別的な理解を促し，患者に安心感を提供することができるからである。また，看護師は仕事の質が異なることで働くこと自体が面白くなり働きがいが生まれるからである。これが，看護師というプロフェッションに求められている活私利他の姿である[22]。看護師がプロフェッションとして，ホスピタリティ価値を実践していくためには，それを実行できる権限を付与される職場環境への変革が必要であり，患者に対するホスピタリティマネジメントだけではなく，看護職員をはじめとした職員へのホスピタリティマネジメントを行っていく必要がある。

　ホスピタリティは自分が経験していくことで，理解できる概念である。看護師がホスピタリティを感じられる医療機関に勤務し，自分がホスピタリティ人財であることを自覚していくことができれば，ホスピタリティ価値を推進するリーダーとなり広がっていくのである。

6. おわりに

　現在の厳しい状況の中で就業を継続している職員は，「患者のためにできることがうれしい」「看護という仕事が好き」という理由で就業を継続していることがわかった。また，あらためて看護師の立場と役割を明らかにすることができたところである。

　看護職員たちは，ホスピタリティ人財であることから，ホスピタリティを発揮できる職場環境を構築することにより，ホスピタリティ価値の創造が職場全体に広がっていくと期待できる。そして，ホスピタリティ人財が増えていくことにより，医療の質の向上に繋がっていると実感できる職場環境を構築していくことが，今後の課題である。そうしていくことにより，「看護師を続けたい」と考える看護師が増えていく可能性があるといえる。

　先にも述べた通り，ホスピタリティは特別な患者だけのために提供されるものではなく，それらの概念を用いることは，今より過酷な労働環境に繋がるというものでもない。患者は病気が治癒するばかりではなく，患者自らの

QOLが向上することで喜びを実感でき，看護師も自らの能力を最大限に発揮することができれば，看護師としての達成感に繋がる。そして，看護の質の向上を実感できる場づくりができれば，看護師という専門職の仕事を通じて活私利他を実現できるのである。

[注]
1) 参考文献［8］を参照。
2) 参考文献［12］を参照。
3) 参考文献［13］の 68-79 頁を参照。
4) 参考文献［5］を参照。
5) 参考文献［5］を参照。
6) 筆者によるインタヴューデータの一部を抜粋した。
7) 社会学者のバーニー・グレイザーとアンセルム・ストラウスが提唱した質的調査法である。
8) 参考文献［19］の 240 頁を参照。
9) 参考文献［19］を要約し適用した。
10) 参考文献［2］を参照。
11) 参考文献［15］の 94 頁を引用し適用した。
12) 参考文献［15］の 94 頁を参照。傍点は吉原による。
13) 参考文献［16］の 25-51 頁を参照。
14) 参考文献［15］の 38 頁を参照。
15) 参考文献［16］の 36-37 頁を要約し適用した。
16) 吉原によるホスピタリティの定義である。(本書の第1章第6節を引用し適用した。)
17) 参考文献［9］の 15-150 頁を参照。
18) 参考文献［5］を要約し適用した。
19) 参考文献［14］の 96 頁を参照。
20) 主に入院時に必要な検査などの標準的なケアプラン。医療の質と安全性を向上させること。医療機関ごとに作成され，医療の標準化と効率化を図るツールとして使用されている。
21) 吉原によるホスピタリティマネジメントの定義である。(本書の第2章第4節を引用し適用した。)
22) ホスピタリティマネジメントの基本原理から導き出した吉原による造語である。(本書の第2章第2節，及び第5節を引用し適用した。)

[参考文献]
［1］荒木暁子（2013）「特集　ケアリング・パラダイムへの回帰　医療者が具備すべきホ

スピタリティとケアリング環境の原点」『保健の科学』第55巻12号，杏林出版。
［2］ 浦郷義郎・松尾信子（2012）「患者に喜びと感動を！ホスピタリティセンス発揮してますか？（新連載・第1回）医療サービス業から医療ホスピタリティ業へ」『月刊薬事』第54巻11号，1855-1857，じほう。
［3］ クローズ幸子（2013）「特集　変革期にある医療職に対する基礎教育。継続教育―チーム医療を推進するための今後の展望―専門性を高める看護基礎教育」『保健の科学』第55巻2号，杏林出版。
［4］ 厚生労働省（2011）『看護師等の「雇用の質」の向上に関する省内プロジェクトチーム報告書～魅力ある職場として"職場づくり，人づくり，ネットワークづくりの推進"』厚生労働省。
［5］ 財団法人日本医療労働会館（2010）「人手不足で過密労働，過酷な夜勤，健康不安　切実に求められる看護職員の増員　日本医療労働組合連合会看護師の労働実態調査報告書」『医療労働』526号，日本医療労働組合連合会。
［6］ 戈木クレイグヒル滋子（2008）『実践グラウンデッド・セオリー・アプローチ』新曜社。
［7］ 戈木クレイグヒル滋子編（2010）『グラウンデッド・セオリー・アプローチ実践ワークブック』日本看護協会出版会。
［8］ 嶋森好子（2013）「安全確保のために医療提供体制を再考する―医療安全確保のために看護管理者に求められていること」『日本看護管理学会誌』第17巻1号，日本看護管理学会。
［9］ 関根正・奥山貴弘，（2006）「看護師のアイデンティティに関する文献研究」『埼玉県立大学紀要』第8巻，埼玉県立大学。
［10］ 日本看護協会専門職支援・中央ナースセンター事業部（2007）『平成18年度　潜在ならびに定年退職看護職員の就業に関する意向調査報告書』日本看護協会。
［11］ 日本看護協会調査研究報告（2009）『2009年看護職員実態調査』日本看護協会。
［12］ 日本看護協会調査研究報告（2012）『2012年　病院における看護職員需給状況調査』日本看護協会。
［13］ 堀川尚子（2013）「2012年　病院における看護職員需給状況調査」（解説）『看護』第65巻9号，日本看護協会出版会。
［14］ 宮子あずさ（2000）『シリーズケアをひらく　気持ちのいい看護』医学書院 。
［15］ 吉原敬典（2005）『ホスピタリティ・リーダーシップ』白桃書房。
［16］ 吉原敬典（2011）「インフォームド・コンセントの実施に関する一考察―医師を対象にした実態調査からのアプローチ―」『目白大学経営学研究』第9号，目白大学。
［17］ 吉原敬典（2013）「医療におけるホスピタリティ価値」『MMA（医療政策管理学コース）創立10周年記念特別講義資料』東京医科歯科大学。
［18］ Keisuke Yoshihara and Kozo Takase, "Correlation between doctor's belief on the patient's self-determination and medical outcomes in obtaining informed consent", Journal of Medical and Dental Sciences, Vol.60 No.1, Tokyo Medical and Dental University, 2013.

[19] Pam Smith, The Emotional Labour of Nursing, Macmillan Publishers Ltd., 1992. ＝パム・スミス著，武井麻子・前田泰樹訳（2000）『感情労働としての看護』ゆみる出版。

［インターネット資料］
［1］総務省統計局「平成24年労働力調査年報」
　　　http://www.stat.go.jp/data/roudou/report/2012/pdf/summary1.pdf
［2］厚生労働省「平成24年衛生行政報告例（就業医療関係者）の概況」
　　　http://www.mhlw.go.jp/toukei/saikin/hw/eisei/12/dl/h24_hojyokan.pdf
［3］看護協会統計資料室　https://www.nurse.or.jp/home/publication/toukei/
［4］日本クリティカルパス学会ホームページ　http://www.jscp.gr.jp/

第8章

在宅医療・介護に欠かせないホスピタリティマネジメント

キーワード
地域包括ケア，連携，円卓発想

1. はじめに

　我が国は世界的にも例を見ない高齢化社会に突入している。この深刻な社会問題を乗り越えるべく，2000年には介護保険法が施行された。介護保険法はその理念に「自立支援」を掲げ，施設における保護的な措置から，地域での自立的生活の支援を押し進めている。そして要介護者における地域での自立的生活を支えるために，在宅医療や在宅介護などが整備されるなど，必要なインフラは整いつつある。近年，各インフラを一体的に捉え，地域包括ケアと称し，要介護者へ組織の垣根を越えたケアを提供する実践が普及しつつある。そしてこの実践は「連携」が重視され，各地において効率的な「連携」のあり方について議論が積み重ねられてきた。しかし，「連携」は目的ではなく，良質なケアを実践するための「手段」であり，多くの場合24時間365日「安心」を提供するための体制づくりに議論は終始している。したがって今後は地域包括ケアの時代における「連携」を通じてどのようなケアを創造するのか，目指すべきケアのあるべき姿について議論をするべきだ。すなわち，患者価値の追求，QOL（quality of life）の追求である。医師や看護師，介護職が24時間いつでも駆けつける体制は整った。この次はその医師や看護師がどのような質の高いケアを提供するかを議論する段階にある。質の高いケアとは自立支援の理念に叶った要介護高齢者の満足が見出されることである。そしてその満足こそ，従事者達の働く目的であり，モチベーションの要素でもある。

すなわち相互に満足する状況が生み出されてこそ，介護は成果を見出すことができるのである。これはまさにホスピタリティマネジメントが目指す「相互歓喜」そのものである。今日，介護現場の多くが従事者達のモチベーション維持や就業定着率に悩んでいるという。そもそも，人の役に立ちたいとしてこの業を志す介護職達が殆どである中，なぜ，助けを求める利用者を目の前にして，その志が発揮できなくなってくるのか。要介護高齢者のために（利他），自らの専門性をいかして（活私）業とする介護は今，その「活私利他」[1]たるホスピタリティマネジメントの理解浸透が欠かせない。そして利用者自身も，サービスを受けるという受け身的な存在ではなく，地域社会で生きる主体的な人間として「活私利他」たる存在であるべきである。人は誰かのために自分をいかすことができてこそ人たる存在意義を覚えるのである。すなわち，生き甲斐ある人生といえよう。

　本章では在宅医療・介護の実践における2つの事例を通じ，ホスピタリティマネジメントに基づき，自律性に富んだチームの他職種連携によって実践されたケアにおいて，ステークホルダーすべてにとって予想を超える価値（未知価値）を見出し，相互歓喜を見出した価値創造型介護（介護3.0）のプロセスを理論的に紹介し，地域包括ケア時代の介護実践におけるホスピタリティマネジメントの有用性を示したい。

2. 悩み，対立から相互歓喜を見出すケア

　良質な介護の実践において，情報の共有は欠かせない。ケアの提供の際，従事者達はそれぞれの専門性を発揮するために，各々の立場で情報を収集し，チーム内で共有する。今日連携と情報共有が欠かせないといわれているが，まず基本情報として次の2つの情報共有が行われる。住所氏名，生年月日，保険情報等の「事務情報」，そして身体状況・状態，生活状況・状態，診察・治療記録，事業者情報といった「ケア情報」の共有である。これらを共有することは，各サービスが「点」としてかかわり，そこで得た情報を時系列に繋ぎ合わせて「線」とし，自身がかかわっていない時間を把握することを可能とする。また多職種の情報共有により，医療，介護それぞれを統合した情

報に基づき，介入方法を判断することを可能とするうえで大変重要なプロセスとなる。

　しかし，ここで１つの疑問を抱くことになる。たとえば，要介護利用者の入浴介助のシーンにおいて，ホームヘルパーから訪問看護師に対し，「血圧が高いのですが，入浴してもよいかどうか，判断に迷っています」という質問があったとする。質問を受けた看護師は，この「点」としての情報を「線」にするために，これまでの血圧の情報をはじめ，様々なバイタルサイン情報を集めようとする。また，他の介護サービスを利用しているのであれば，その時の様子を集め，統合した情報とする。しかし，それだけでは入浴してもよいか悪いかの最終的な判断はできない。なぜなら，生物学的生命についての情報でしかないからだ。特に末期状態にある利用者において，「万が一」を優先するよりも，「最期だからこそ本人の望みを叶えてあげたい」という心が働き，安全面をある程度担保しながらもQOL面を優先する。よって，得るべき情報はケア情報にとどまるのではなく，その人がどのような生き方をしてきた人で，どのように生きたいと望み，家族においても本人がどのようにあってほしいと望んでいるのか，という「ナラティブ」や「かかわる人としての想い」が必要とされるのである。これらの情報の結果，単に，安心安全の観点からの入浴ケア実施の是非が問われるのではなく，入浴の実施そのものが，その人が生きるうえでどのようなQOL上の効果があるのか，という思考にいたる。つまりケア目標が形成されるのである。

　人の「いのち」は２つの捉え方ができる。「生物学的生命的な命」と，「物語られるいのち」である。前者は心身の機能等に注目する，自然科学や生命科学の対象であり，生命学的個体として個々に独立したものである。それに対して後者は，人のいのちを生活，人生，生き様という視点で捉え，人を人生の物語を作りつつ生きる，主体的な存在とするものである。生物学的生命への医学的介入は，物語られるいのちを守る環境を整え，そこから「物語られるいのち」という価値を生んでおり，それの人生の豊かさがQOLなのである。よってQOLの追求を行うのであれば，血圧の高さだけで入浴実施の可否を判断することはできない。よって「ケア情報」や「事務情報」だけでは意志決定することができない。利用者本人の「ナラティブ」やかかわる者たちの

心を働かせた「想い」が共有され，その人らしい生活を目指した「目的」が共有されるのである。そしてその実現に向けて従事者達は各々の専門性を発揮すべく考え抜いた，各々の「思考」を共有し，ケアを遂行していくのである。

本章の目的は，在宅医療・介護サービス提供チームがホスピタリティマネジメントに基づいて運営されることにより，予想を超える価値（未知価値）が見出され，利用者，従事者相互に歓喜や満足で満たされるという成果を，筆者が経験した事例を検証することによって証明することである。まずは事例１について検証してみよう。

【事例１】

膵臓癌末期で予後数週間とされる80歳のＡ氏は，アパート１階での一人暮らしである。二人の兄弟はすでに他界，生涯独身であったため身よりもなく，近隣社会との交流もない。病気と年齢のために食事摂取も少なくなり，時折脱水症状を繰り返し発症するようになっていた。排泄も失敗することが多くなり，ホームヘルパーが訪問すると，汚染した衣類のまま床の上に横になったときもあった。ADL（activities of daily living）の低下だけでなく，もはやQOLすら低下していると見られていた。そのような独居生活は，ケアマネージャーのコーディネートにて医師による訪問診療，ホームヘルパーによる訪問介護，看護師による訪問看護によって支えられた。しかし，その不安定な病状より医師は入院を勧め，担当ケアマネージャーからは独居生活の限界が指摘され，施設入所もしくは入院を促がされていた。しかし，Ａ氏は家に居たいと強く望んでいる。Ａ氏は長い人生の多くの時間をこのアパートで過ごしてきた。職を転々とし，生活の安定はなかなか得られなかったが，唯一の趣味となった映画を愛し続け，楽しみだけではなく，時には人生の励みにもなっていたという。Ａ氏のアパートの部屋には，壁面いっぱいの数えきれないほどの映画のビデオやDVDが並べられている。そして１つ１つには丁寧にラベルが貼られ，１つの乱れもなく整然と並べられており，そのさまを見ればだれもがＡ氏がいかに映画趣味を大切にしてきたかが，痛いほど理解できる。自分に死期が迫っていることを悟っているＡ氏は，病状から食事がとれなくなってきても，動くことができなくとも，ベッドに横たわり，映

画鑑賞だけは欠かさず楽しんでいるという。ある日訪問した看護師が，映画を楽しむＡ氏を見かけた報告をしている。看護師の報告書によれば，Ａ氏の表情について，「見たこともないとても素敵な表情で，強くＡ氏らしさを感じた」という。その看護師は映画鑑賞こそが彼の家族であり，社会，人生であり，彼のこれまでの人生は，映画と共に生きてきたのだと感じた。そしてチームにその考えを投げかけ，Ａ氏の最期の人生を尊重するためにはどうすればよいか，考えた。チーム内では，脱水や転倒のおそれがあり，最期の時に苦しませてはならないと，入院を勧める意見が圧倒的だったが，Ａ氏が映画鑑賞を楽しむ表情を知っている訪問看護師は，最後の最後で，安心安全を優先すれば，彼の人生である映画鑑賞を奪いかねない，そして何より，Ａ氏が最も自分らしく過ごしてきたであろうアパートの居室，すなわちＡ氏の居場所から引き離すことによって，Ａ氏らしさが失われてしまうだろうと考え，支援チーム内で訴え続けた。看護師として患者の安全を保証する療養環境が提供できないのは医療の専門家としてあってはならないと悩み，自問自答も繰り返された。ホームヘルパーやケアマネージャーからも，責任が取れないと反論されたが，最後に本人にもう一度希望を聞いてみようと，主治医が問いかけ，その意志を尊重すべきだと意見が一致した。主治医があらためてＡ氏に「最期の時をどう過ごしたいか」を尋ねた。するとＡ氏からは「私から映画を奪わないでほしい」と返答があり，チームの支援方針は「最期まで映画を楽しみ，映画と共に逝かせてあげよう」と明確に目標が決まった。

　目標が明確に決まれば早速ケア方針の策定である。「訪問のたびに転倒していて骨折が心配」という意見もあり，ヘルパーからは「一歩先に摑まるところがない場所は転倒のリスクが高いため，その付近にクッションを配置して少しでも衝撃を和らげる空間の工夫をしてみよう」という考えが提案された。このほかにもホームヘルパーならではの生活視点の知恵が発揮された。また，主治医からは「移動時の注意力を低下させないように，かつ，長時間の映画を集中して楽しめるように，麻薬の量をコントロールしてみよう」と意見が出され，皆が医師のその姿勢に感激すら覚えた。看護師は医師が判断しやすいよう適切な報告をするために専門家ならではの病状観察をしっかり行いつつ，不安定な症状に不安を抱くホームヘルパー達に，その症状は正常な死に向かっている現れであると伝え，知と安心を与えた。各々の思考も発揮され，

病院のように安全な空間は保証できないが，それも踏まえて皆でＡ氏の最期を支えようではないかと想いは１つとなっていった。

　その後，18本の映画を楽しんだ数週間後，ある朝ヘルパーがモーニングケアに訪れたとき，スイッチが入ったままのテレビモニターの明かりの中で，息を引き取っているＡ氏が発見された。Ａ氏は望む通り，愛する映画に看取られ，自分の部屋で最期を迎えていたのだった。その後ただちに医師によって死亡診断が行われ，正式にＡ氏の死が認められた。死亡診断後，Ａ氏にかかわった多くのスタッフ達の手によってＡ氏の身体は清められ，生前Ａ氏が最も気に入っていたというスーツに着替えを行った。この時，スタッフ達の目には涙があったが，「あの時病院に送らないで良かった。Ａさんらしい最期でよかった。みんなお互いよく頑張ったな」との主治医の言葉に皆共感し，これまでの判断や努力など，お互いの成果を讃え合い，達成感を分かち合った。息を引き取ったＡ氏の表情は実に穏やかで，きっとＡ氏も満足な最期だったに違いないと，誰もが納得のすばらしい看取りであった。

　Ａ氏の最期までの生は，充実した，豊かなものであるかどうか（actual QOL），そして，充実した，豊かな人生を可能にできる環境かどうか（potential QOL），共に個人的な価値観（individualized QOL）による評価をもってすれば，最善の選択肢を見出し，支援活動を行ったといえるのではないか。

　本事例は個人的な価値観（individualized QOL）の追求により，生物学的（biological）な生命，言わばvita biologicalではなく，伝記的（biographical）な生（vita biographical）が尊重された結果生み出された価値あるケアの成果である。その場面においてはＡ氏本人の「ナラティブ」を理解して，共感により心を働かせた知的で思考力ある従事者達が，Ａ氏の生き様を尊重するチーム内で共通のケア目標（目的）を共有し，チーム員それぞれが「思考」を働かせ，「目的」を目指して専門性を発揮しているのである。もちろん，目的が見出されるまでは深く考え，悩み，従事者間で意見が対立した「プロセス」を共有したことも重要であろう。この「プロセス」がなければ，Ａ氏には安全な療養環境を提供すべしと，入院もしくは施設入所が決まっていたことだろう。また，Ａ氏も自分らしい最期を演じきることに成功したのであ

る。実に自立的かつ主体的なさまである。

　整理すれば，事例1では「ケア情報」「事務情報」は基本的な情報としてもちろん共有されつつ，「ナラティブ」をベースとした関係者の「想い」が共有され，ケアの「目的，目標」が見出され，それに対し各従事者達が共感し，心を働かせたうえで各専門職の知識に基づいた「思考」を発揮し，良質なケアへと導かれている。また，このケアの実践に当たっては，病気の治癒，治療が目的ではない。よって病院のように医師を最終責任者として階層組織によるオペレーションをする必要がなかった。本事例は医療，介護，そして何より本人もチームの一員であった。そして各サービスはそれぞれの専門性を発揮すべく役割が分担され，最期の時に際しては相互の想いや立場を尊重し合い，認め合っていることも実感できた。一般的なチーム医療等の運営において，サービスは提供者と利用者とで区別され，利用者を取り囲むようにチームが形成され，利用者はあくまでも客体である。しかし本事例において利用者は中央に位置づけられた客体ではなく，目標を共有する主体的なチームの一員であったことにも着目すべきであろう。そして何より，死という悲しみに支配されることはなく，最期の時の生き方を支えることができたという，自立支援の達成に皆が沸いていたのである。これぞまさしく，ホスピタリティマネジメントが生み出す「相互歓喜」そのものであるといえよう。

3. 価値創造に必要な「対立」という相互補完プロセス

　前述の事例からも理解できる通り，在宅医療・介護が目指すところは，その人らしく生きること，すなわち人生の長さではなく，生きている人生の質，QOLの向上にある。このQOLには，前述の通り，一般的な価値観による評価（general QOL）と，個人的価値観による評価（individualized QOL）がある。自立した生活とは，自分で考え，選択し，実施することであり，すなわち，この個人的価値観によるQOLの尊重が何よりも重要であるといえよう。在宅療養患者において，医療を必要とする，あるいは介護を必要とするという状況は，個人生活上における自己選択・自己決定の制約となる。在宅で過ごすのか，病院や施設で生活するか，という療養状況に応じた制約を伴う選

択にはじまり，点滴をするかしないか，あるいは熱があるため入浴をするのかしないのか，など症状による制約，胃瘻を選択するか否か，透析をするか否かなどといった，治療選択による制約，末期だけど旅行に行くか行けないか，麻薬をはじめるか，増量するか，そして最終的にはこのまま在宅療養を継続するか，それとも入院するのか，等々，健康であればおよそ考えることもないような選択が常に要されるのである。意思決定は本来，前述の事例1のように，患者本人が決めるべきであるが，病状により本人に意思表示が困難である場合も多く，関係者が皆で考えることが倫理的妥当性を担保することもある。この場合は本人の直接的な希望が聞こえないときが多い中，常に「これでよいのだろうか」という「迷い」の連続であり，カンファレンスや日常的な打ち合せ，申し送り等を通じて異なる専門職同士が話し合いを重ね，「迷い」から「確信」へと進化していくのである。この共同決定において「迷い」から「確信」へと向う「プロセス」の中で，それぞれ「想い」や「思考」「ナラティブ」などを常に共有しながら，時には各々の専門性から対立し，時には手を取り合い，「相互補完」しながらようやく見出された「目標」に向かって，またさらに日々を積み重ねていくのである。その「相互補完のプロセス」が共有されるからこそ，チーム内における相互信頼を構築できるのだ。もちろん，本人の近親者からも，本人の「考え方」や「生き様」，そして「生い立ち」などが，過去の様々な「ナラティブ」として語られる。よって近親者も相互補完プロセスの共有者となる。その結果，ステークホルダーのすべてが，本人の生き方を立体的に捉えることを可能とし，本人のQOLの追求が行われるのだ。A氏のように「延命ではなく，A氏の生き方，過ごし方を尊重し，このまま家で最期まで支えよう」という決断は，優れた一人の在宅医，一人のケアマネージャーの力では成し遂げることはできない。ステークホルダーそれぞれの想い，それぞれの迷い，時には己の信念を貫くべく熱く対立するなど，試行錯誤の「相互補完プロセス」を共有しているからこそ，チームとして自信を持って勇気ある決断をし，実行されたケアなのである。この迷いや対立の「プロセス」こそ，「第七の情報」と捉え，有益的に経験，共有すべきである。なお，共有された目標に向かい，チーム員それぞれの主体性が強く発揮されるときこそ優れた対立が起こる。強烈な対立の「プロセス」を

経験するほど目標達成時の喜びは大きい。迷いや対立は答えとは何かを追求するからこそ生まれるものであり，そのプロセスの先にある結果は，常にチーム員達の予想を遙かに超える「未知なる価値」が見出されるのである。

4. 連携における思考法

　ここまで，QOLを高める連携によるケアの遂行において，「ケア情報」「事務情報」「ナラティブ」「想い」「思考」「目的」に加えて，それら情報共有の積み重ねと迷いや対立，相互補完を繰り返す「プロセス」の計7つの情報等の共有が欠かせないとした。そしてその結果，チーム員の予想を遙かに超える「未知なる価値」が見出され，「相互歓喜」が得られることも理解できた。これらを振り返りつつ，さらに別の事例にて連携における思考法について考察する。

【事例2】
　B氏は75歳の男性で呼吸器疾患の末期状態にある要介護5度の重症患者である。B氏は入院中「家に帰りたい」と強く訴え続け，その想いが叶い，在宅療養へと移行した。B氏には妻と一人息子が同居しており，退院後のB氏を交替で献身的に介護した。B氏も退院日は「ようやく家に帰れる」と喜んでいたが，笑顔が見られたのはわずか1週間ほどで，徐々に目の輝きを失い，時折認知症とも思える症状を見せるようになってきた。支援サービスは在宅医療，訪問看護，ホームヘルパーが活用され，B氏の療養生活は24時間体制の「安心」が担保され，ベッド上から一歩も動かずとも生きることができた。医師は当初，「呼吸が苦しいのだから安静にするように」と伝え，訪問看護師は「動かさないことが，一番呼吸が楽ですよ」と家族に指導した。つまり，「生命科学的な生」は守られる状況にあったが，B氏という主体的な人としての，個人的価値観によるQOLの追求が，まだなされている状況ではなかった。
　この状況を打開したのは，毎日身体介護に入るホームヘルパーの一言であった。ホームヘルパーはB氏のケアをしながら，家族とのコミュニケーションを積み重ね，B氏が街の小さな郵便局員として長年地域を見守ってきたこ

とを知った。単に郵便局の仕事をするだけでなく，地域の一員として，通学中の子ども達や町の高齢者の見守りなどを積極的に行っていたという。また身体が不自由な人がいれば，すかさず助けを買って出る，常に人に心を配る心優しい人物だったという。このホームヘルパーからの「ナラティブ」情報の提供が，チームの心を動かし，「死期が近いＢ氏が最期に自分らしく過ごしていただくにはどうすればよいか」という「想い」を生んだ。家族も含め，本人らしい最期のあり方について話し合いが積み重ねられた。「安静」を守らなければ，思わぬことで死期を早めることになりかねないと主治医は終始慎重であったが，「想い」を持つチーム員との信念の対立が繰り返される中，主治医の心も動き，「想い」が共有され，単なる安静ではなく，自分らしい最期を迎えるためにできる医療とは何かを考えるようになった。その結果，チームの結論は医療依存度が高い患者でも，万全の受け容れ体制を有するデイサービスに通い，社会参加と最後の友人づくりを目指すという目標が見出されるにいたった。

　Ｂ氏の身体に無理がないよう，主治医の「週１回の利用にとどめるべきだ」とする「考え」が尊重され，デイサービスは週１回の「とっておきの楽しみ」として定められ，共有された。その翌日，Ｂ氏は早速デイサービスに参加した。Ｂ氏はデイサービスにおいて，友人Ｃ氏もでき，徐々に週１回の社会参加を楽しむようになってきた。その友人Ｃ氏は，身体が不自由なＢ氏を気遣い，脳梗塞の後遺症を抱えながらもＢ氏の様々な身の回りの世話を行った。Ｂ氏はそんなＣ氏に気遣いながらも感謝し，親交を深めていった。そんなある日，Ｃ氏の妻が心疾患のために突然死亡した。愛する妻の葬式が行われ，その翌日，自宅を片付ける都合から，息子達にやむなくデイサービス参加を促され，未だ妻の死を受け容れることができないまま，Ｃ氏はデイサービスに姿を見せた。いつも明るいＣ氏が，ソファーコーナーで落ち込んでいる姿を見つけたＢ氏は自ら動くことができないため，やむを得ず職員を介してＣ氏を呼び，かすれるような声で「どうした，何かあったのか」と声をかけた。そしてＣ氏の妻が亡くなったことを聞かされると，「それは大変だった，つらかろう，つらかろう」と，涙を浮かべるＣ氏の背中を必死にさすり，慰めた。これまでＣ氏からお世話を受けるばかりだったＢ氏が，呼吸が苦しい中，お返しとばかりに必死に背中をさすり続ける姿は，かつて郵便局員時代，地域住人に

心を配り，活動していた現役時代のB氏を想像させるものだった。この1週間後，B氏は最期の時を迎えた。そしてこの時の様子を家族に伝えると，息子は「親父らしい，よい最期だった」と，涙を流しながらB氏の最期の人生を振り返っていた。B氏は重篤な病状ながらも，最期の時に，だれも予想することができなかった，主体的かつ自立的な生き方を取り戻したのだ。まさに「未知なる価値」が見出され，チーム員全員が高い達成感と共に歓喜とも取れる感情が表れ，お互いの成果を讃え合った。

　本事例も「創造的なケア」といってもよいだろう。このケアの実践において，これまで示してきた7つの情報等の共有が，事例1と同様に行われていたことがわかる。また，同様にかかわるすべてのサービスの専門性ごとに役割が明確であり，最終的には相互に尊重し合い，補完し合い認め合っていることも実感できた。そして何より，本事例においても利用者は主体的な存在としてチームの一員であることに注目しなければならない。在宅医療，介護の現場において利用者は客体的な存在ではなく，主体的な存在なのである。近年サービス担当者会議に利用者本人の参加を積極的に促しているのも，まさしく利用者を主体的な存在として捉えているからである。医者も看護師も介護士も上下の差はなく，それぞれ専門性，役割が異なる主体的な存在として相互に認め合うチーム運営は，地域包括ケア時代に欠かせない運営手法といえよう。本著のテーマである「ホスピタリティマネジメント」はこの事例の通り，主体的なそれぞれの個が，相互に役割を発揮し合い，補完し合い，そして新たな価値創造を目指すものである。ゆえに，在宅における医療，介護サービスは，常に予想を超える価値創造にいたり相互の歓喜や満足であふれかえるのである。
　この状況を吉原によるホスピタリティマネジメントの手法の1つである円卓発想[4]をもとに図解すると，**図表8-1**の通りとなる。

　吉原によれば，この円卓発想によるチーム運営が成功するために，次の5つの条件が示されている。①率直でオープンなTwo-way communication，②自律性を重視したチームによる運営，③目的に対し対等な関係，④明確な

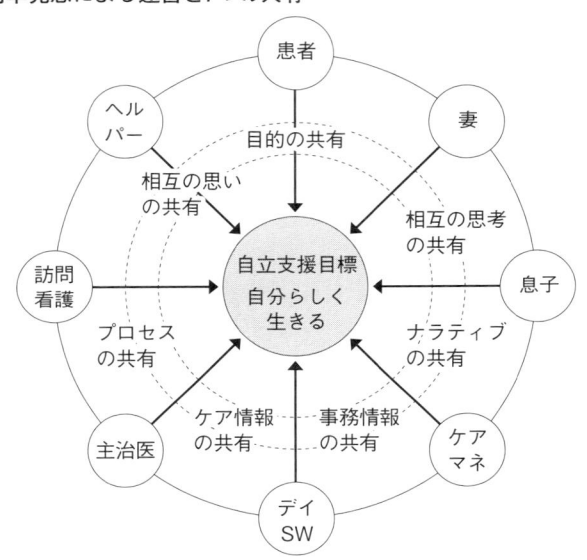

図表8-1　円卓発想による運営と7つの共有

出所：参考文献［8］55頁の図表4-5を引用し適用して，筆者が加筆したものである。

責任の所在，⑤計画的な達成推進，である。医師を頂点とする階層型組織運営ではなく，目的を共にし，達成のために連携する多職種チームが，それぞれの役割と立場より，積極的な意見交換，情報共有，想いや思考の共有を実践し，作成されたケアプランに基づきケアを遂行していくさまは，この円卓発想の条件が見事にあてはまる。よって在宅医療，介護における価値創造型ケアを目指すのであれば，チームはこの円卓発想に基づいてケアを遂行していくべきだろう。繰り返すが，ステークホルダー全員が対等であり，自立的・主体的な存在として，相互に尊重されなければならず，目的に対し対等な人間関係が尊重された条件で行動，運営されることが重要である。

　そして，単に認め合うだけでは創造にはいたらない。情報という要素があってこそ，目的が生まれ，共有され，価値創造へと向かっていくのである。その情報がこれまで述べてきた「7つの共有」である。

　これら情報等は思考の源であり，心が働くエンジンでもある。サービス提供者のパフォーマンスを存分に発揮するためには，心の働きに結びつくよう

な人間味あふれる情報共有が欠かせない。2つの事例からも見出せるように、特に第三の情報である「ナラティブ」にかかわる情報が有益である。あらためて共有された内容を整理してみる。

①事務情報の共有

近年、介護関連のITシステムやソフトの発達には目を見張るものがある。これらシステムで、まず一元管理されるものは、患者や利用者の氏名や住所、生年月日や介護度といった基本的な情報である。これらの情報は基本的なものとして、説明するまでもなくかかわる各サービスすべてが共有する。

②ケア情報の共有

患者や利用者のADLやIADLといった、基礎的情報がこれに当たる。また、診断名や処方・処置内容など、介護面のみならず、医療面におけるケア・診療状況の相互把握は、安心安全なケア遂行において必須といえよう。特に、薬の処方は常に最新の情報が共有されている必要がある。最新情報が共有されていれば飲み忘れや飲み残しなどの服薬管理ミスや事故も大幅に防ぐことができ、かつ、服薬状況より、主治医以外の治療中の疾患も知ることができる。これらの把握により、根拠に基づいた安心で安全なケア遂行の担保となるのである。

③患者の人生史、これまでの生き様（ナラティブ）の共有

急性期医療などにおいて、その目的は治癒、寛解を目指すことにある。よって患者の病状、症状などにフォーカスを当て、集中的な医療を施すべきである。しかし在宅医療・介護サービスは、利用者の症状や障害を緩和しながら、利用者の自律性、主体性を尊重し、その人がその人らしく生きるための支援を行っていかなければならない。すなわち、利用者ADLの追求を目指すのではなく、ADLの改善を試みながら、その先の目標はQOLの向上、追求にある。その人らしさを目標に掲げるうえで、病状やADLばかりに着目しても、その人らしさとは何かを見出すことは不可能である。事例1のケースでは、孤独ではあるが、映画と共に生きてきたA氏の人生があった。また、事例2

のケースでは，街の小さな郵便局で長年勤め，郵便局の仕事に打ち込むのはもちろん，地域の見守り係として地域を愛してきたことを知った。どこで生まれ，どのような仕事をし，どのような伴侶と出会い，どのようなことを大切に生きてきたのかを知ってこそ，QOLの向上に向けて心を働かせ，知識を動員し，頭脳を働かせることができるのだ。もっとも，相互に心が開かれた状態でなければ，利用者のナラティブを容易に知ることなどできない。人としての基本的な物腰や態度，高い志に基づいた専門性の追求など，プロとしての日々の積み重ねと姿勢がなければ，容易に知り得ることではない。私たちの業は，利用者の生き方にかかわる業である。心して挑まなければならない。そしてその結果，その人らしいケアに結びつく様々な情報共有によって，良質なケアが創造され，利用者も従事者も，高い満足を得られることであろう。

④目的（ケア目標）の共有

　患者や利用者を単なる客体と捉えるのではなく，自立的，主体的な人間と捉えた，自立支援の精神に基づいたケア目標を協働で設定し，共有することが大切である。その人がその人らしく生きる権利を尊重することが最優先とされるべきであり，安静や安全を最優先するあまり，この尊厳が損なわれてはいけない。目的の優先順位を誤らず，自立支援の精神に基づく目的の設定がなされることが，利用者の満足はもちろん，従事者の職務満足にもかかわる重要な要素である。そして従事者間のみならず，利用者や家族にも主体性，自律性を理解してもらうことも重要である。もちろん困難な事例も多いことだろう。

　しかし，**図表8－1**のように，利用者や家族自身も我々従事者に「お任せ」ではなく，目的に対し対等かつ主体的な存在としての自覚と参加を促すことが，良質なケアへの大きな鍵となることだろう。与える介護からは，従事者たちの職務満足は見出せない。顧客満足も同様である。目的，目標を共有し，相互の自律性の自覚と，主体性の尊重がなされる場づくりを心がけることである。

⑤相互の想いの共有

　この業界における各々の立場により，皆，この職務遂行にかける「想い」

があるはずである。我々は介護マシンではなく，他者と心を通いあわせることができる人間である。従事者たちは皆，心を働かせ，日々のケアに挑んでいる。この心から生まれる，各々の「想い」が共有され，目的の共有に結びつけば，情緒的にも認知的にも，チームは「想い」が共有されたチームへと成長する。これこそ顔が見える関係といえよう。お互いの想いや目的が共有されてこそ相互に信頼し合い，良質なケアに向けて創造的に活動を行うことができるだろう。

⑥相互の思考・考え方の共有

　そして想いの共有でとどまっていては単なる「仲良しクラブ」に過ぎない。「想い」を原動力に，各々の専門性やエビデンスに基づいた，相互の思考が共有されてこそ，プロの仕事といえよう。医師は医師，看護師は看護師，介護福祉士は介護福祉士の，それぞれの専門性があり，エビデンスのある専門的な知識によるディスカッションがなされるべきである。特に，介護職の専門性はその歴史的背景からも医療系専門職に遠慮することが多い。また，介護福祉士等国家資格を有しながらも，その専門性を発揮することなく，医療従事者の前でその主体性を潜めていることも少なくはない。各立場の専門性を自覚し，各々相互に理解し，尊重し合うことによってケアは前進する。

⑦悩み，対立などのプロセスの共有

　お互い常に同じ屋根の下，同じ空間で業務遂行しているのであれば，お互いの専門性に基づいたケア遂行にいたった理由を理解することは容易であろう。たとえば，医師がある患者にセデーションを施行したとしよう。医師なりの考えに基づいての処置だが，その意識レベルを落とし，穏やかにするという医療行為が，介護側には「患者の主体性を損ねる行為」などと捉えることも少なくはない。しかし，医師には医師の専門性による判断により，その行動に結びついたのである。また介護職たちの怒りにも似た感情は，医師の処置にいたった思考の経緯を理解しないうえでの誤解に過ぎない。お互いがなぜ，その専門性の施行にいたるのか，その思考のプロセスを相互に理解できるような配慮，相互補完を意識した行動がチームに要される。また，ケアの現場は常に試行錯誤の連続である。その悩みの連続を共有するからこそ，チーム

員相互の信頼関係が醸成されるのだ。このプロセスの共有が，相互の信頼関係の醸成に繋がり，「顔が見える」を超越した「相互理解」へと結びつく。各々の共創的な対立を通じた思考のプロセスと，様々な意志決定の積み重ねのプロセス，この2つのプロセスの共有が価値あるケア遂行には欠かせない。

以上の7つが共有される過程において，円卓発想によるマネジメントが行われると，たとえ末期であったとしても，患者や利用者の自律性・主体性が発揮され，「自分らしく生きる」という当たり前の権利が尊重され，以て個々のQOL向上に資するものである。一般的には円卓上の中心に患者がおかれ，料理されるかのごとく医療介護従事者が取り囲み，ケアが行われる。そこでの患者は主体ではなく客体である。主体である者たちにより物事が進められ，客体である患者にケアを与え続けるだけでは，共創関係は見出せない。これからの時代，患者は客体ではなく主体的な存在であると認め，尊重し，円卓発想によるチーム運営にて7つの共有を行う連携をし，創造的なケアに邁進してほしい。

5. 価値創造型介護のプロセスについて

これまで，価値創造的なケアの実践において，ホスピタリティマネジメントが有益であることを事例検証によって示してきた。最後に，ホスピタリティマネジメントに基づき実践される価値あるケアを，「介護3.0」[5]とし，そのプロセスをまとめてみたい（図表8－2）。

5.1 準備の段階（介護1.0）

まず，吉原によるホスピタリティマネジメントを行うための前提条件を参照し，ケアが行われる準備の段階「介護1.0」について示したい。まず，かかわる従事者すべてにとって「礼儀」「節度」「物腰」「態度」「ルール」「資格」「専門知識」「志」のすべてが標準的に備えるべき要素である。支援の主な対象者は人生の大先輩に当たる場合が多い。よって社会人としての「礼儀」「節度」「物腰」「態度」のレベルが低ければ，利用者は心はおろか，口すら開い

第Ⅱ部　事例研究編

図表8-2　価値創造型介護（介護3.0）イメージ

持続的な事業継続を担保する
価値創造型介護（介護3.0）イメージ

自立支援の精神に基づく明確な目的思考・ミッション・ビジョン

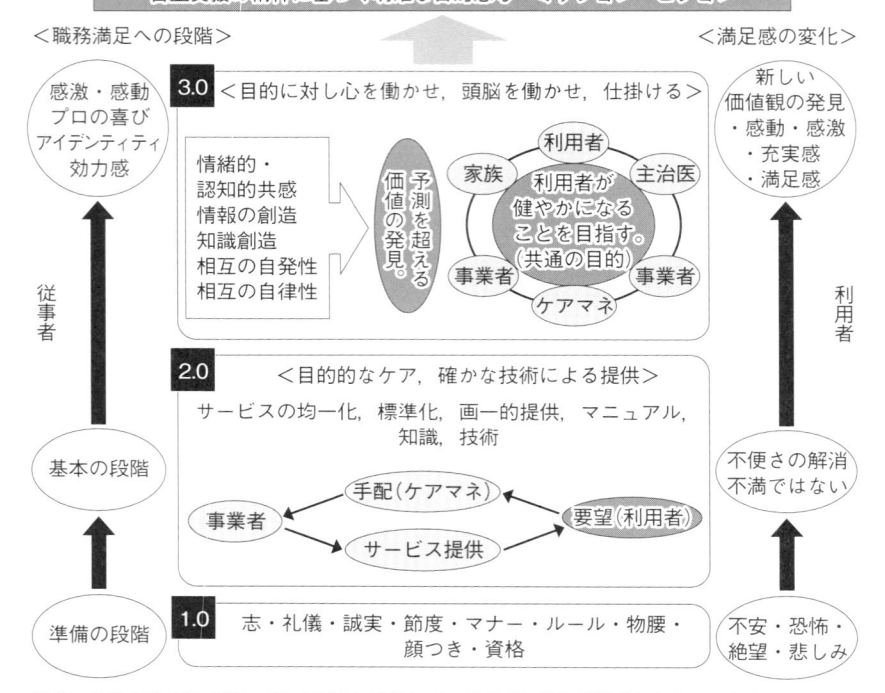

＜職務満足への段階＞　　　　　　　　　　　　　　　　　＜満足感の変化＞

3.0 ＜目的に対し心を働かせ、頭脳を働かせ、仕掛ける＞

- 感激・感動
- プロの喜び
- アイデンティティ
- 効力感

情緒的・認知的共感
情報の創造
知識創造
相互の自発性
相互の自律性

予測を超える価値の発見。

利用者／家族／主治医／事業者／ケアマネ／事業者
利用者が健やかになることを目指す。（共通の目的）

新しい価値観の発見
・感動・感激
・充実感
・満足感

従事者

2.0 ＜目的的なケア、確かな技術による提供＞

サービスの均一化、標準化、画一的提供、マニュアル、知識、技術

事業者 — 手配（ケアマネ） — 要望（利用者）
事業者 — サービス提供

基本の段階

不便さの解消
不満ではない

利用者

1.0 志・礼儀・誠実・節度・マナー・ルール・物腰・顔つき・資格

準備の段階

不安・恐怖・絶望・悲しみ

出所：参考文献［9］24頁の図4を引用し適用して、筆者が加筆し再構成したものである。

てくれないかもしれない。前述の2つの事例は，知があり，思考力あふれる従事者達によって創造的にケアが実践された成果であるが，それ以前に，礼儀正しく，節度がある大人であったことはいうまでもない。残念ながら医療介護業界内では「資格はあるが礼儀なし」という人材があまりにも多い。専門職として活動する前に，人として，社会人として，こういった要素を備えていなければならない。それはテクニックというよりも，人間力そのものといってもよい。まずは「介護1.0」，すなわちホスピタリティマネジメントの前提条件が備わった人材でチームを構成すべきだろう。

5.2 基本段階（介護2.0）

　次に，基本段階（2.0）として，利用者への要望に効率的かつ平等に応じるためのマニュアル作成と，確かな知識に基づくサービスの提供を，安全性と継続性の要素として唱えたい。介護保険制度でも定められる通り，各種マニュアルを整備し，すべての利用者からの要望を平等かつ適切に，そして安全に遂行できるように努めなければならない。すなわち，この段階も基礎の1つといえよう。ホテルマン等を見れば，すべてのお客様に対して平等な応対をしていることがわかるが，その平等の先では個々の顧客ごとの価値創造が行われている。在宅医療・介護サービスも同様である。「大変な介護を手伝ってほしい」「いつでも相談に乗ってほしい」「安心して療養生活を送りたい」といった要望が安全確実に満たされなければ，利用者は不満に陥ってしまう。なお，本段階における要望が満たされても「不満や不安が解消される」だけであり「満足」は得られない。ここはあくまでも次の価値創造の段階である3.0の土壌づくりと考えるべきである。

　また，自立支援の精神に基づくケアを行うことも重要な要素である。与える介護は「与える側」と「与えられる側」とで主と従の関係となり，サービス価値の域にとどまり，互酬性を前提とするホスピタリティ価値にはいたらない。

5.3 価値創造の段階（介護3.0）

　人は楽しく生きるためには役割感を抱ける居場所が必要である。よって，在宅医療・介護サービスにおいては利用者に安心を提供するだけでなく，利用者の自律性を引き出すケアを実践することが望まれる。本章で検証された2つの事例でも，利用者が自分らしさを見出すさまが確認されている。これらは利用者の主体性が尊重されたからこそ実現されたものであり，サービスの受け手たる「客体」という捉え方はされていない。

　従事者たちに願うことは，過去の経験則から解を探し出すのではなく，常にゼロベースで利用者の心に耳を傾け続け，「自分らしく生きる」支援に励んでもらいたいということだ。それには，現場に明確な自立支援の精神に基

づいた目的思考を元に，円卓発想によるチーム運営を風土化させるとよい。スタッフたちが自律的に心と思考を働かせて行動するようになり，かつ利用者やその他さまざまなステークホルダーと共に相互の主体性を尊重する思想が定着する。そして，利用者は生き方や生き様を取り戻し，あるいは時には新しい生き方を発見し，自分らしく，自律的に生きることに満足感を覚え，一方で従事者たちは専門職としての有能感，効力感を得，それにより「自律支援」が加速される。これらは予想を超える成果，すなわち「未知価値」ともいうべき成果であろう。この段階にいたったものを価値創造型介護（3.0）と呼びたい。価値創造のレベル（3.0）を達成したものが，魅力のある，持続的な先進性を保つ在宅医療・介護サービスであるといえよう。

6. おわりに

　以上の通り，在宅医療・介護におけるホスピタリティマネジメントによるケアチーム運営は，利用者や従事者双方において予想を超える価値の発見，すなわち「未知価値」の創造がなされる。見出された「未知価値」によって，利用者にとっては感動や感激，充実感や満足感が得られ，従事者においては感動，感激を通じた専門職（プロ）としての高度な効力感に包まれる。わずか2つの事例のみでの検証ではあるが，在宅医療・介護にかかわる者ならば，これまでのキャリアにおいて，利用者の自立支援に尽くした感動的なケアの成功体験に一度は出会っているはずだ。その時のチームの運営体制を振り返ると，本章で示したホスピタリティマネジメントが行われていたことに気がつくだろう。それは無意識に行われていたかもしれないが，これからはチーム内にホスピタリティマネジメントを理解浸透させ，戦略的にケアに挑んでいただきたい。そうすれば今まで以上に感動的な体験が読者諸君のキャリアに彩りを添えることになるだろう。高齢化社会を迎え，もはや病院ではなく，家で人生最期の時を迎える時代である。最期の時まで自分らしく，自分の居場所で過ごし続けることができる社会を，このホスピタリティマネジメントに基づいて遂行されるケア（介護3.0）で共に実現を目指そうではないか。

　最後に，このすばらしきホスピタリティマネジメントを筆者に指導をして

いただいた吉原教授に，この場を借りて心から感謝の気持ちを伝えたい。吉原教授との出会いがなければ，現場で見出される数多くの感動的なケアの何たるかについて，未だ理論的な説明が出来ずに，混沌とした日々を送っていたに違いない。どのような医療・介護の教科書にもホスピタリティマネジメントによる理論的な説明の展開はなされていない。この革新的ともいえるマネジメント理論がより幅広く広まることを心から望んでいる。吉原教授の下で学べる機会が得られたことだけでも幸福なことではあるが，こうして執筆の機会を得て，ホスピタリティマネジメントの有益性について唱える立場になろうとは，これもまた筆者の予想を超える価値，すなわち未知価値との遭遇であり，感動そのものである。いつの日か，ホスピタリティマネジメントがスタンダードな時代となったとき，吉原教授と相互歓喜に満たされていたいものだ。今からが楽しみでならない。

[注]
1) 吉原による造語である。吉原は「活私利他」とは，「自分のことはさておいても，ゲストの利益を重視し喜ばせたいとの思いから，自らの能力を最大限に発揮すること（最大化すること）」と意味づけている。ホスピタリティマネジメントの基本原理から導き出している。（本書第2章第2節，及び第5節を参照のこと。）
2) 清水哲郎は「生物学的〈生命〉と物語られる〈生〉―治療中止をめぐって」『臨床倫理学2』(2002) において，〈いのち1〉は，個々人の他の諸生物と共通した生命体としてのはじめから終わりにいたる，「生物学的 (biological)」な生命―言わば vita biological とし，これに対して〈いのち2〉は，個々人の来し方・行く末を〈人生〉として見，何をしてき，今何ができ，これからどうしようとするか，といった言説で記述されるようなものであり，言わば「伝記的 (biographical)」な生 vita biographical としている。
3) 小林睦「残された生の決め方―QOL評価の諸問題」『モラリア』8（2001）: 21-39頁を参照。
4) 円卓発想は目的思考の方法論の1つで，吉原による造語である。英語では"Round-table thinking"と表現している。
5) 介護3.0は，筆者による造語である。

[参考文献]
［1］小林睦(2001)「残された生の決め方 QOL評価の諸問題」『モラリア』第8号, 東北大学。
［2］小室貴之（2012）『デイサービス事業安定運営のための提言』立教大学。

［3］小室貴之・宮木大・野島あけみ（2014）『在宅療養時代に求められる連携のあるべき姿から導き出される創造的なケア』日本医療福祉学会。
［4］清水哲郎（2002）「生物学的〈生命〉と物語られる〈生〉治療中止をめぐって」『臨床倫理学』2．臨床倫理学会。
［5］田中滋・栃本一三郎（2013）『介護イノベーション』第一法規。
［6］地域包括ケア研究会（2013）『持続可能な介護保険制度及び地域包括ケアシステムのあり方に関する調査研究事業』三菱UFJリサーチアンドコンサルティング。
［7］辻哲夫（2013）『急がれる都市部の高齢化への対応―柏プロジェクトについて―』東京大学高齢社会総合研究機構。
［8］吉原敬典（2005）『ホスピタリティ・リーダーシップ』白桃書房。
［9］吉原敬典（2012）「ホスピタリティマネジメントの構造に関する一考察」『目白大学経営学研究』第10号．目白大学。
［10］Keisuke Yoshihara and Kozo Takase（2013）"Correlation between doctor's belief on the patient's self-determination and medical outcomes in obtaining informed consent", Journal of Medical and Dental Sciences, Vol. 60 No. 1, Tokyo Medical and Dental University.

あとがき

　編著者が立教大学大学院ビジネスデザイン研究科で授業「ホスピタリティマネジメント1・2」を担当するようになってから，2014年度で7年目である。当初の何年間は，「ホスピタリティマネジメント」という科目が認知されるまでには時間を要した。毎年，試行錯誤の授業で，院生に対面した。

　そうこうしているうちに出てきた言葉が，「ホスピタリティマネジメントの理解者」「ホスピタリティマネジメントの推進者」「ホスピタリティマネジメントの研究者」の3つである。1つの科目というよりも，これからの日本にとって欠かせない学問として大事に育てていきたいとの思いがあったからである。

　2011年度から履修者が10名を超えて安定するようになり，また春学期，秋学期ともに履修する院生が増えた。そして，2013年度に転機が訪れた。履修者数が15名となり，教えていく中で手応えのようなものを感じるようになってきたのである。秋学期が終わる頃になると，私の頭の中には「この人たちと本を出せるのではないか」との考えが芽生えはじめ，2013年12月最後の授業で語りかけてみたのである。院生も筆者からの提案を受け入れてくれた。今回の執筆を希望しゴールテープを切った4名の院生（2013年度当時）と修了生1名（第9期生），よく頑張りました。このような経緯を経て上梓したのが本書である。

　本書は，共著者が自律的に原稿を執筆し，自らが校正し，一緒につくった作品である。本書が私たち日本人のホスピタリティ発揮度（自律度，相互交流度，パートナー度）を引き上げ，自らの能力発揮に役立つことができれば執筆者全員にとって望外の喜びである。また，関係者の間でイノベーションが起こり相互歓喜の輪が広がることを願うものである。最後に，今回の出版に際して側面から応援してくださった内田英二，佐々木朋子，渋田正貴，山﨑亮，山原聖子の各氏に心から感謝したい。

編著者

■執筆者紹介

吉原　敬典（YOSHIHARA, Keisuke）（編著者）［まえがき・第1章・第2章・第3章・あとがき］

平松　恵一郎（HIRAMATSU, Keiichiro）［第4章］
　立教大学大学院ビジネスデザイン研究科第11期生。修士（経営管理学）。ビジネスクリエーター研究学会会員。株式会社東京ニュース通信社勤務。「テレビブロス」「TVガイド」ほかの編集長を歴任，出版広告局広告部長，番組センター局編集第一部長等を経て，現在は出版事業局次長。実践女子大学非常勤講師。

大澤　一公（OOSAWA, Kazumasa）［第5章］
　立教大学大学院ビジネスデザイン研究科第11期生。修士（経営管理学）。ビジネスクリエーター研究学会会員。人事労務管理事務所ツバサ所長。公共機関，企業，大学など教育機関で人財育成・キャリア開発支援を中心にコンサルティングを行い現在にいたる。社会保険労務士。2級キャリア・コンサルティング技能士。

足立　幸一（ADACHI, Koichi）［第6章］
　立教大学大学院ビジネスデザイン研究科第11期生。修士（経営管理学）。ビジネスクリエーター研究学会会員。流通・小売り部門の様々な新規事業の立ち上げプロジェクトに参画。トステムビバ株式会社（現・LIXILビバ）リフォーム統轄部工事課長を経て，現在は株式会社LIXILジャパンカンパニーに所属。

野澤　美加（NOZAWA, Mika）［第7章］
　立教大学大学院ビジネスデザイン研究科第11期生。修士（経営管理学）。ビジネスクリエーター研究学会会員。看護師免許を取得。筑波大学附属病院等の病院で約10年間看護師として勤務。現在は，医薬品等の臨床開発モニター（CRA）として就業している。

小室　貴之（KOMURO, Takayuki）［第8章］
　立教大学大学院ビジネスデザイン研究科第9期生。修士（経営管理学）。ビジネスクリエーター研究学会会員。東京都及び神奈川県にて在宅医療・看護・リハビリテーションに取り組む。特定非営利活動法人楓の風，医療法人社団楓の風を主な組織とする在宅療養支援・楓の風グループの主宰者。年間5,000人に在宅ホスピス・ケアを提供すべく奮闘，現在にいたる。

■編著者紹介

吉原　敬典（YOSHIHARA, Keisuke）

博士（学術）東京医科歯科大学
目白大学経営学部経営学科・大学院経営学研究科経営学専攻教授
立教大学大学院ビジネスデザイン研究科兼任講師（ホスピタリティマネジメント１・２担当）

1955年広島県尾道市因島生まれ。立教大学経済学部経営学科卒業，東京医科歯科大学大学院医歯学総合研究科修士課程・博士課程修了。長崎国際大学人間社会学部助教授などを経て，現職。専門は，ホスピタリティマネジメント論。修士（医療管理学）。
ビジネスクリエーター研究学会副会長，ホスピタリティマネジメント研究会会長。全日本能率連盟賞，通商産業省産業政策局長賞等を受賞。
主な著書は，『ホスピタリティ・リーダーシップ（第4刷）』（白桃書房・単著），『「開放系」のマネジメント革新（第4版）』（同文舘出版・単著），など多数。
代表的な学術論文として，Keisuke Yoshihara and Kozo Takase, "Correlation between doctor's belief on the patient's self-determination and medical outcomes in obtaining informed consent", Journal of Medical and Dental Sciences, 60(1), Tokyo Medical and Dental University, 2013.（2000）「ホスピタリティ・マネジメントに関する実証的研究」『学会誌HOSPITALITY』第7号，日本ホスピタリティ・マネジメント学会など多数。

■ ホスピタリティマネジメント－活私利他（かっしりた）の理論（りろん）と事例研究（じれいけんきゅう）－

■ 発行日──2014年7月26日　初版発行　〈検印省略〉
　　　　　2023年4月6日　初版4刷発行

■ 編著者──吉原　敬典（よしはら　けいすけ）

■ 発行者──大矢栄一郎

■ 発行所──株式会社　白桃書房
　　　　　〒101-0021　東京都千代田区外神田5-1-15
　　　　　☎03-3836-4781　📠03-3836-9370　振替00100-4-20192
　　　　　http://www.hakutou.co.jp/

■ 印刷・製本──藤原印刷

Ⓒ YOSHIHARA, Keisuke　2014 Printed in Japan　ISBN 978-4-561-25641-0 C3034

本書のコピー，スキャン，デジタル化等の無断複製は著作権法上での例外を除き禁じられています。本書を代行業者等の第三者に依頼してスキャンやデジタル化することは，たとえ個人や家庭内の利用であっても著作権法上認められておりません。

JCOPY 〈出版者著作権管理機構　委託出版物〉
本書の無断複写は著作権法上の例外を除き禁じられています。複写される場合は，そのつど事前に，出版者著作権管理機構（電話 03-5244-5088，FAX 03-5244-5089，e-mail: info@jcopy.or.jp）の許諾を得てください。
落丁本・乱丁本はおとりかえいたします。